THE YEAR

给生活
做减法

[加] 凯特·夫兰达斯_____ 著　柳筠_____译

O F L E S S

台海出版社

图书在版编目（CIP）数据

给生活做减法 ／（加）凯特·夫兰达斯著 ；柳筠译
. -- 北京 ：台海出版社，2020.1
ISBN 978-7-5168-2444-3

Ⅰ．①给… Ⅱ．①凯… ②柳… Ⅲ．①消费心理学
Ⅳ．① F713.55

中国版本图书馆 CIP数据核字 (2019) 第 216283 号

著作权合同登记号：01-2019-5176
THE YEAR OF LESS
Copyright © 2018 by Cait Flanders
English language publication 2018 by Hay House Inc. USA

给生活做减法

著　　者：［加］凯特·夫兰达斯	译　　者：柳筠
责任编辑：俞滟荣	封面设计：果丹
版式设计：高巧玲	责任印制：蔡旭

出版发行：台海出版社

地　　址：北京市东城区景山东街 20 号　　　　邮政编码：100009

电　　话：010-64041652（发行，邮购）

传　　真：010-84045799（总编室）

网　　址：www.taimeng.org.cn/thcbs/default.htm

E— mail：thcbs@126.com

经　　销：全国各地新华书店

印　　刷：北京美图印务有限公司

本书如有破损、缺页、装订错误，请与本社联系调换

开　　本：880mm×1230mm　　　　1/32

字　　数：150 千字　　　　　　　印　　张：7.5

版　　次：2020 年 1 月第 1 版　　　印　　次：2020 年 1 月第 1 次印刷

书　　号：ISBN 978-7-5168-2444-3

定　　价：49.80 元

目　录
CONTENTS

序　言

　　我的不少想法都是在徒步时琢磨出来的，这次也不例外。还有两天就是我 29 岁生日，女友们打算周末去惠斯勒好好庆祝一番。我们沿着加里波第省立公园（Garibaldi Provincial Park）里的切卡默斯湖（Cheakamus Lake）徒步。天空中飘来朵朵白云，给青绿色的湖面映上了各式各样的影子。我们天马行空地聊着，一会儿谈谈工作，一会儿谈谈爱好，一会儿谈谈朋友，一会儿又谈谈恋情。

　　温蒂和男友恋爱多年，最近住在了一起。莉兹也打算效仿温蒂。她们忙着聊接下来的事儿：趁家乡的房价高得不算离谱，赶紧在不列颠哥伦比亚省的维多利亚买套房子；想结婚前先把孩子生了。我在一家新开的金融公司做了两年执行编辑，我和她们说了我关于购物消费的一些想法，除了这些，我还真不知道能说些什么。朋友们慢慢过上了新生活，我却还在忙活自己的事儿。

"凯特，你下一步打算干什么？"莉兹问。老朋友抛给我一个再简单不过的问题。我和莉兹是在八年级认识的。我们只做了一年同学，然而一年对我们来说足够了。我们住在同一条街上，常常有人看到我们在两栋房子之间穿梭，不是我去她家玩儿，就是她来我家玩儿。这么多年过去了，我想她也许希望听到我也终于稳定下来的消息。不过她太了解我了，她大概也早已猜出我打算回多伦多，或是搬去另一座城市工作。我一直在辗转奔波。

然而，我说出了一周以来萦绕在脑海中的想法。

"我打算做项实验，看看一段时间不买东西会怎么样。"我说，"比如，六个月，甚至一年。"

朋友们早已不会对我这样的想法大惊小怪了。过去的三年，我的生活发生了不少巨大的变化，如承诺还清贷款、保持身体健康、戒酒。2010 年我开始写博客（caitflanders.com，曾用名：节衣缩食的金发碧眼姑娘），还公开在博客上记录了我的这些变化。她们赞叹着"酷！""一定很有意思！"，而后接二连三地提出问题。我大声回答着，觉得自己心意已决，计划也理得差不多了。我们聊了实验的具体内容，比如我能买些什么、不能买些什么。

我回答不了所有的问题。我刚开始实验，不可能知道所有的答案。同样，那时的我也不知道自己能在两年之内还清20万元的贷款，不知道自己能在一年之内减掉十几千克的体重。我不知道在接下来的12个月里，我最终只靠着51%的收入就能活得很好，我不知道我能存下31%的收入，不知道还能用余下的钱出去旅游。我也不知道自己能在博客里写下这么多内容，不知道自己在网上分享的故事和经验教训最终成了这本书。我只知道，我并不满意自己当时的理财状况，我打算再少花些钱、多存些钱。这个故事就是这样开始的。我的不少故事也都是这样开始的。

九岁时，爸妈带我到银行，一起给我开了个儿童存款账户。银行给了我一个折子，上面记录着我银行存款和结存的情况。折子最多不过十页，用两个书钉固定在一起。可上面写着我的名字，所以我视若珍宝。在上面写上数字，让我有种大人的感觉——除了对玩具负责，我还肩负起更重要的责任。我把它放在课桌抽屉里，夹在写满作业要求的小学计划本和日记中间。那是我记忆中爸妈第一次和我提起存钱的重要性。不幸的是，我的新鲜劲儿很快淡去，我不但弄丢了折子，还丧失了对理财的兴趣。

十几岁时，我一回到家，总能看到床上乱七八糟地堆着不少新闻报纸。报纸上有关利率、退休金计划、房地产市场、经济预测的文章都被剪了下来，摆在床上等我去看。这大都是爸爸的杰作。每天早晨，他坐在餐桌旁喝着锡兰红茶，把报纸从头到尾看上一遍。要是我没在他身边，他没法直接把文章递给我看时，便会把它剪下来，放在我床上。"你抽时间读那篇文章了吗？"我从学校回来，进了家门没多久他便开口问。"我一会儿就读。"我常常哭嚷着说。

很少能有"一会儿"的时候，这点爸爸是知道的。他会坐在餐桌旁玩起"二十个问题"的游戏，揪着一个政治话题问上一连串的问题，搞得自己怒不可遏。他常常搞得我一头雾水。"这事儿很重要，凯特琳！"他会这样说，而我却开始东张西望。我知道，他叫我全名是动了真格儿的了。除非问题严重或是我遇到了麻烦，否则不会有人叫我凯特琳的。然而，我却只会盯着对面墙上艾米丽·卡尔画的大树，一边点头，一边重复他刚刚说过的话。但我总会以那三个让所有父母翻起白眼的字开头："我知道。"那时候我无所不知。

那时，这个话题无聊透顶，然而现在想来，能在谈论钱的家庭里长大，我是多么幸运。事实上，我们无话不谈。要是你爸爸是个水手，谈什么都无须忌讳。我们谈在卫生间做些什么，我们用粗俗的大实话谈不能和男孩子在卧室里做些什么，我们事无巨细地告诉爸妈我们做过的坏事儿——或者至少，爸妈以为我们这样做了。

尽管我对家里人坦诚了一些事儿，可我也藏起了不少秘密。十几岁时，爸妈以为我把照顾弟弟妹妹得来的钱存了起来，可我从来没有告诉他们，我其实用大部分钱买了酒和垃圾食品。我大学毕业从爸妈家搬出来时，他们教给我理财的基本原则，可我从来没有告诉他们，自从有了第一张信用卡，我已经欠下了不少钱。我十岁时，爸爸戒了酒。他知道我参加社交活动时喝酒，可我从来没有告诉他我一个人时也偷偷喝酒，而且常常会从抿上一口变成酩酊大醉。家里人见我吃得好、走得多，可我从来没有告诉他们我总躲在车里偷吃巧克力、趁家里没有人时订比萨。

我不单在这些事儿上对家里人撒谎——我还对自己撒谎，我尤其不会向自己提起这些东西将如何伤害我的身体和精神。我的信用卡还款金额越高，晚上越睡不着觉。我的酒喝得越多，就对自己越发失望。我吃的东西越多，就长得越胖，这也是我对自己失望的原因之一（甚至是主要原因）。我越是假装什么都没发生，事情就变得越糟。

我一连几个月对信用卡结算单不理不睬，直到 2011 年 5 月，我终于发现自己刷爆了信用卡，欠下了 20 万元的贷款。更糟的是，我的支票账户只剩下几百元，信用卡也只剩了几百元的额度，可还要等六周，我才能拿到下一笔收入。那时，我的体重也是有史以来最高的（174 厘米的身体支撑着 95 千克的重量，真是够胖了）。25 岁那年，我想到全国各地转转找份工作，可短短八周的时间却花光了全部积蓄，不得不搬回爸妈的地下室住。

仅仅是贷款的重量便压垮了我。一连几周，我躺在床上哭泣着入睡，觉得自己未来似乎都不可能有什么钱花。我还担心令父母失望透顶，担心不能给弟弟妹妹做个榜样。

当然，有些泪也是为自己不得不做出些改变而流的。我试着戒过酒，却从来没超过几个礼拜。我记不清体重秤上的数字多少次上上下下，然而这么高的数字成了新的败笔。事实上，我并非无所不知。我懂得很少，少到让我陷入这样的境地。我到了人生的谷底，我不想越陷越深。一直以来，我告诉自己"总有一天"我会做出改变，而那一天，终于来了。

接下来的两年里，我还清了贷款，变得健健康康，我搬到多伦多，而后又去了温哥华，还彻底戒掉了酒（几次失败过后）。

我在博客上记录了自己的种种变化，每次更新博客，都吸引越来越多的粉丝。我不会佯装这事儿轻而易举，也不会谎称自己听从了专家的建议。我只做适合自己的事儿，我很庆幸需要对大家负责。

两年后，我本该过上更加快乐、更加健康的生活。我努力过，证明我能够按照自己的意愿攻坚克难。然而，我却旧疾复发。

我没再喝过酒，可我几乎把挣来的每一分钱都花光了。起初，这看起来并没什么大不了的。在这儿多花几十元，在那儿多花几十元。打算去店里买一两件东西却拎了五件出来。我不停地为出去吃早午饭找借口、为随时买书找借口，花销一下子涨了上去。最后，我甚至周末常常飞回家，和朋友们聚一聚。我承认，那种感觉好极了。过了两年拮据的生活，能重获自由的感觉真好——不用操那么多心，还能好好玩玩儿。然而糟糕的是，我没法实现自己的存款目标，于是不得不多费口舌向博客读者解释一番。

还贷款时，我会在月初公布预算，在月末发布实际花费。两年间有几个月，我 55% 的收入都还了贷款。虽然有点儿急功近利，但我的确竭尽所能让信用卡的还款金额降到 0。当那一天终于来临，我感到更加自由、更加轻松，似乎世界重新向我敞开了无数扇门。我生平第一次能够设定存款目标，比如将 20% 的收入存入退休金账户。

这样做切实可行，或者说这样做本应切实可行，然而做起来却比想象中要难得多。在我获得所谓"自由"的第一年，我还会在月末发布实际花费，然而要能存上 10% 的收入就已经很不错了。

我口中的购物禁令并非一夜之间冒出来的想法。这个想法的种子每个月末便会播种一次，一连 12 个月从不间断。每当更新博客，向粉丝解释自己为什么存不下钱时，我都会告诉自己，我能做得更好。我能多存些钱，这点我心知肚明。我只是不知道该从何下手做出改变。直到我们家族一大家人围坐在桌边，像往常一样探讨金钱的话题，我才灵机一动有了主意。

我们费尽周折劝妹妹阿丽，让她别把辛辛苦苦赚来的几千元花在我们觉得她压根儿用不到的东西上。她反驳着，似乎她是在为我们存钱一样。"我已经存了 20% 的收入，剩下的钱我想怎么花就怎么花。"她只有 20 岁，忙着上大学，还兼职赚些钱——她比我早一步知道了理财的秘密：先攒些钱，再把剩下的通通花掉。不过作为姐姐，我觉得有必要与她聊得更深入些。"可你在家住。你难道真的需要花掉 80% 的收入吗？你的日常开销不能少点儿吗？"

我一开口，立刻意识到自己多么虚伪，但购物禁令的事情有了转机。

这次谈话是去惠斯勒远足前一周的事儿，那之后，我花了七天的时间浏览自己博客帖子里公布的数字，问了自己不少尖锐的问题。要是我只能存下 10% 的收入，那其他的钱都去哪儿了？为什么我总在为花钱找借口？我真的需要 90% 的收入来生活，还是可以少花些钱？一连 12 个月，每到月底我都会问自己这种问题，却依然没有找到答案。我只知道家里似乎应有尽有，我的事业、我的生活似乎都很圆满，却总感觉缺点什么。我从不知足。我总是盼着能多得到些东西。既然什么都满足不了我，也许是时候让自己过上极简生活了。

从惠斯勒回来，我一屁股坐在电脑前敲打着计划。购物禁令的规则似乎简单明了：未来一年当中，我不能添置新衣服、新鞋、新配饰、新书、新杂志、新的电子产品和家里其他东西。我可以买些消耗品——比如食物、洗漱用品、汽油。我只能把钱花在"允许购买的物品"上，不过就是几样我近期会用得到的东西。要是有什么东西坏了，我不得不扔掉它们，我也能买些新的回来。我也能偶尔去饭店吃个饭，但绝不能买外带咖啡——这是我最大的毛病，我再也不愿意每个月花几百元在外带咖啡上了。

同时，我决定不再买新东西，还要扔掉用不着的旧东西。只消扫一眼公寓的角落，就能发现我的东西远比需要的要多得多，而且我也并不喜欢它们。我想开始利用家里已经有的东西。我希望我从前门拿进屋的每样东西都能发挥作用。要是发挥不了，我便要扔掉它。

最后，我加了句"我慎重决定，我要还清贷款、不再为自己的懒惰找借口、摒弃喝酒的嗜好。然而，我还不是个理想的理性购物者"，便点击"发布"更新了帖子，把我的计划公布给粉丝。直到我打算不再冲动购物，才发现自己一直被营销策略和打折信息愚弄。直到我打算不在"自以为有用"的东西上浪费钱，才发现家里的东西真是不少。我下决心去劝自己不要买些压根儿用不到的东西。

我希望自己只在需要什么东西的时候才会花钱去买上一些。我希望自己最终能看到钱花在了哪里，并以一种与我的目标和价值观相一致的方式进行预算。我真心希望自己能少花些钱、多存些钱，可要是我依然像之前一样习惯不假思索地买东西，就永远实现不了。

第二天一早我就开始挑战自己：2014 年 7 月 7 日——我 29 岁生日当天，也是我绕着太阳第 30 次旅程的开始。我将在博客上更新一年极简生活里关于花费和金钱的点点滴滴。我的很多故事就这样开始了。然而我却犹豫着要不要把其他的事情分享出来——它们将我从熟悉的生活中拖拽出来，让我独立起来——或者，这么说吧，让我一连几周卧床不起，想着放弃我所做的所有积极的改变。在本应该更简单的一年里，我追求极简，剥夺了自己曾经喜欢和依赖的一切，我不得不重新开始，过上全新的生活。

这些事儿发生的时候我并没有分享出来。我相信博客读者们会支持我，只是我精疲力竭，没法组织起语言。每当我试着写些什么，最后总会歇斯底里地删掉草稿。我当时没法儿多说什么，但现在却想分享出来——在这儿，在这本书里，

和大家分享一切。在接下来的几章里，我会带你们走进我极
简生活的那一年。同时，我还会带你们回到我几年前、十几
年前的生活。只有知道了这些，你们才能充分认识并理解给
生活做减法为什么如此重要。这一年给了我挑战。这一年让
我的生活颠三倒四。但最终这一年拯救了我。

长达一年的购物禁令

允许购买的东西：

★ 食品杂货和基本厨房用品

★ 化妆品和化妆工具（只有当我用完时）

★ 清洁用品

★ 送人的礼物

★ 核准购物单上的物品

不允许购买的东西：

★ 外带咖啡

★ 衣服、鞋子、配饰

★ 书籍、杂志、笔记本

★ 家居产品（蜡烛、装饰、家具等）

★ 电子产品

核准购物单：

★ 适合多场婚礼的衣服（一件连衣裙和一双鞋）

★ 运动衫（我只有一件，而且它有几个洞）

★ 健身裤（只剩最后一条了）

★ 靴子（我没有适合秋天/冬天穿的）

★ 床（我的床陪伴我十三年了，急需更换）

★ 我也可以购买任何必须更换的东西，但原来的物品
   必须扔掉或捐赠

我必须对我的博客负责。

—— 1 ——

七月：列清单

戒酒时间：18 个月

收入存储比例：20%

能够完成此项计划的信心指数：100%

（虽然我还不太清楚自己的计划到底是什么）

一直以来，我都有洁癖。即便是小时候，我的父母也用不着督促我去整理房间。我会把所有东西放在固定的位置上，或者放抽屉和盒子里，再把它们按顺序排好。我会把衣服分好类、挂进衣柜里：背心、短袖衬衫、长袖衬衫在前，长裤、短裤、连衣裙在后。我甚至还会按照大小和书脊的颜色把书摆在架子上。

上小学后，我的书桌里也是一样整洁。书桌右侧，一摞文件夹按照彩虹的颜色依次排开，红色在上，粉色在下，橙色、黄色、绿色、蓝色和紫色被夹在中间。书桌左侧，我的字典压在数学书上，铅笔盒放在字典上。塑料铅笔盒里，我还想办法把橡皮放在一个角落，涂改液放在另一个角落，然后把剩下的钢笔和铅笔按顺序排好。我甚至还夸张到把盒子里的

24 根彩色铅笔按照颜色顺序排列整齐。

　　每当老师让我们收拾书桌，我都会直挺挺地坐好，看着我的朋友们吃苦头。什么皱巴巴的纸条啦，吃完三明治剩下的塑料袋啦，从图书馆借来的书啦，也不知道从哪里冒出来的，掉得满地都是。教室里满是高声的牢骚和沉重的叹息。我的朋友们每拿出一样东西，就会发现还得找地方安置它们。一到这种时候，我都暗自希望他们能来找我帮忙，我敢肯定，只要他们开口，我一定会迫不及待地跑过去。

　　只要是我自己的东西，我都会让它们整整齐齐的。我用过的更衣柜、开过的车、住过的公寓、包好放起来的盒子，就连我每天在用的钱包和手提包都是如此。你要是有机会看看我用过的东西，就会发现它们井然有序，直到一切都变了。

　　2014 年春天开始，我变得丢三落四。我的绿色背心成了第一件不知所终的东西。那是我唯一的一件绿色背心，我的五斗橱一共三层，我总会把它放在第二层右手边的位置上。一天早晨，我打开抽屉，却没有看到它，这让我着实吃了一惊。我从其他的背心中翻找，从一摞摞 T 恤中翻找，而后又打开另外两个抽屉找来找去，结果遍寻不获。它没在衣柜里，

没在脏衣篮里，没在洗衣机和烘干机里。它就这样消失，永远也找不到了，一定是被哪只怪兽吞掉了，那家伙还经常跑来偷我的袜子。

从那之后，我似乎总也找不到需要的东西。我发誓，新牙膏就放在洗手间的洗手池下，和其他的洗漱用品放在同一个收纳盒里；我虽然不喜欢那件粉色浴袍，却还一直留着它，因为我知道我的黑色浴袍该换了；还有开罐器，我一个人住，只有一个器皿抽屉，里面只有一个开罐器，可那玩意儿为什么没在里面呢？

我到处寻找需要的东西，却翻出了一堆没用的玩意儿。我掉了13.6千克的肉，原来的五件黑色背心已经大得没法儿穿了。我囤的乳液和沐浴露还没用完，却还在不停地添置新货。住在不列颠哥伦比亚省的穆迪港，我压根儿用不到夏天的薄衫和冬天的厚衣服，要知道，这里可是加拿大气候最温和的地方。可身在债台高筑的日子里，我其中的一张信用卡却都花在了这些压根儿穿不着的衣服上，我的一些衣服甚至到现在还挂着标签。

债务和凌乱的共同之处在于，只要你任由它堆积成山，就很难看清周围的路。一连几个月，我都不去想欠了多少钱，只会撕开信用卡账单信封的一角，看一下最低还款金额。我的小聪明耍了很久，直到有一天，我扫见剩余可用额度，才发现只能再花几百元了。这道计算题再简单不过。我给自己挖了个坑，一个深不见底的坑，我得咬紧牙关闯出去。

我凌乱的状况不算很糟。一进家门，屋里还像往常一样井井有条。毛巾叠放整齐，衣服按顺序挂着，每双鞋都摆在一起。就连我的书也摆得整整齐齐，有的按照体裁——小说、回忆录、商业书籍、个人理财，有的按照大小（有时也会按照颜色）。同样，问题是我很少会用到它们。只要经过它们旁边，瞥见它们，我就会想到这个问题。

2013 年，我一连搬了五次家后，才第一次想到这个问题。每一次，我都得从衣柜里拽出一个个箱子，把它们搬到车上、载它们去新的住处，再把它们搬进屋、放进新的衣柜——甚至压根儿都没有去看一眼里面装的是什么。各种各样的不幸让这情形重复了五次：一次，我出了车祸，待在一楼的家里养伤，有个人想尽办法要闯进来，我觉得住在那儿太危险了；还有一次，我搬去和一个老朋友合租，五天后，这个新室友却告诉我她要去另外一座城市。这一年可真不好过。

最后一次，我搬到了穆迪港的这间公寓，那时正好是

2013 年的九月。我搬来前，只到过穆迪港两次，却立刻爱上了这里。穆迪港远离喧闹的温哥华，让人有种置身小镇的惬意，它环绕布拉德内湾，因此大海触手可及。我把桌子摆在落地窗前，刚好能够眺望远处的树木和山峰。朋友们总说，我似乎住进了《暮光之城》的画面里。的确很像，因为那个系列的电影大都是在不列颠哥伦比亚省拍摄的，还有几场刚好是在穆迪港取的景。

我在家办公，为一家新开的理财公司工作，是这家公司的全职编辑。我的公寓、公寓外的景色，还有我的生活，让我有种美梦成真的感觉。可我得把大把的时间花在工作上，偶尔才会注意到身边的状况——家里的东西。尽管我的东西井然有序，却还是多得要命，多到除了落灰别无他用。

我真想说，"我对极简生活很感兴趣，觉得它很有意义、很激动人心，所以才决定尝试一下"，然而完全不是那么回事儿。事实上，我是在无数次想过摆脱这些东西后才下定的决心。一直以来都是这样，我总在想我不能再刷信用卡了，我不能再吃垃圾食品了，我不能再喝这么多酒了。可我总会找到借口说服自己，告诉自己"总有一天"我会做到的。

"总有一天"，变成"终有一天"。2011 年的一天，我刷爆了信用卡；同一天，我还差几十块，才能去大码服装店买衣服；2012 年的一天，我又喝到断片儿，不想起床。每当这种时候，我总能给自己的坏习惯找到继续下去的理由。我给信用卡银行打电话，要求他们提高我的信用额度，我继续大吃大喝，任由它们摧残我的身体和精神。然而有一天，我受够了。我一直以来给自己编造的理由——那些容忍我的坏习惯持续这么久的理由——走到了尽头。我受够了。

2014 年 7 月的一天，我又受够了自己——我翻来倒去，却找不到想要的东西。

家里的东西一点点地把我逼得无路可走，让我最终过上精简的生活，开罐器就是那最后一根稻草。我想往沙拉上撒些黑豆，需要开罐器的帮忙。唯一的问题是：我找不到它。我翻遍了厨房的抽屉和橱柜，又在水池和洗碗机里找来找去。我连垃圾桶都翻了个遍，想着没准儿是自己不小心把开罐器连同最后一罐还能打开的罐头扔了进去，然而遍寻不获。

此时是七月的第一周，大温哥华地区正值酷暑。气温高居 34℃上下，有时甚至超过 40℃，空气潮湿。我住在一栋水泥建筑的 22 楼，家里没有空调，这情形让事情变得更加糟糕。我又热又饿，沮丧至极。我一门心思想吃那该死的黑豆沙拉，却吃不到嘴里。我只得吃青菜沙拉，还得考虑用二十一把叉子中的哪把来消灭它。

"总有一天"终于到了，我准备好和器皿抽屉里，还有家里所有但凡我用不到的东西说再见。就像我下定决心去还贷款，去吃好一点儿，去多做些运动，甚至最终戒了酒一样，尽管满腔热血却无从下手。我不过想放手一搏而已。

就在那天，我掏空了家里所有的衣柜、碗橱、抽屉，把东西铺了一地。几个月后，近藤麻理惠写的《怦然心动的人生整理魔法》在北美上架，里面提到的方法其实和我的做法一模一样。我的家再也不像以前一样干干净净、整整齐齐。我被丢进了一堆乱七八糟的东西当中，分不清什么是什么——尽管这里的每一样东西其实都是我的。我亲手把家弄得一片狼藉，盯着这一切，我一下子蒙了，我究竟干了些什么？不过，一旦家里乱成这样，你就不得不硬着头皮把它们整理干净，根本没时间工作。

我决定从卧室下手——重点收拾衣柜。卧室似乎最容易整理，我认识的女人们都对衣服和配饰情有独钟，我却不然——而且一贯如此。

从十几岁起，我就习惯穿套装——不是那种私立学校让穿的校服，不过样子差不多。我每年的套装都会有所变化。八年级时，我过着假小子般的生活，身上天天套着篮球衫和侧边条纹裤。到了九年级，我开始穿帽衫和牛仔裤。十年级简直糟透了，我竟然想穿得"女孩"一点。浑身上下的粉色衣服衬得我红扑扑的脸蛋奇丑无比。到了高中，我摇身成了冲浪女孩，普克珠贝绕在脖子上，车道上还放着辆1991年的名叫罗克西的白色现代卓越。直到2007年大学毕业，我才换了打扮。可在那之前，我已经把蓝色的海浪和法语"小岛女孩"文在了肩上，好让自己变成十足的冲浪女孩。喔，19岁的快乐。工作后，我在政府工作了五年，每天都穿着黑色的裤子、毛衣、羊毛大衣和平底鞋。

这些年，我的穿衣风格不断变化，可有件事却雷打不动：我喜欢的衣服好像就那么三套，无论什么场合，我都会从中选出一套来穿。我这次腾空衣柜，散在地上的衣服却各式各样：牛仔裤、卡其裤、松垮垮的上衣、毛衣。我隔天去健身房锻炼一次，然而每次过去，都是穿同一件T恤和同一条紧身裤。总而言之，我穿过的衣服加起来也超不过20件（不包括袜子和内衣）。我知道自己一天到晚、反反复复总在穿同一件衣服。然而直到我腾空衣柜和抽屉，看着地上一摞一摞的针织品，我才真真切切地看到问题所在。

地上铺着只能内搭几件特定毛衣的背心、不合身的外套、短得遮不住肉的毛衣。我掉了近 15 千克肉，可还是塞不到裙子里去，我喜欢这些裙子，不过是因为它们曾经能够凸显我完美的身材罢了。"胖女孩"的衣服我也没扔，万一自己又胖回去呢？地上还散落着数不清的打折货。还有我口中的政府装：肥得不像样儿的黑色裤子、毛衣、大衣。这些全是我的衣服，却都没怎么上过身，所以我压根儿认不出它们来。

我把衣服扔得所剩无几。我没有犹豫，也没有多想。但凡是最近几个月没有上过身的衣服统统扔掉，不合身的衣服必须扔掉。太瘦的衣服只会消磨我减肥的动力，让我泄气，让我不喜欢自己现在的样子，让我看不到自己取得的进步。所以，太瘦的衣服必须扔掉。等我瘦下来，一定给自己买凸显完美身材的新裙子。我知道我再也不会去政府上班，所以政府装也得扔掉。我把衣服、外套、鞋、钱包、围巾塞进四个黑色垃圾袋，打算捐出去。几件变了形的衣服干脆丢进了垃圾桶。这样一来，我的衣柜里只剩下了两三个衣架。三层五斗橱里的东西也少了一半。虽然不多，剩下的衣服却都是我一定会穿的。

此时，我打算记录一下自己到底要扔掉多少东西。我记录过自己还款的状况，记录过自己健身和减肥的情况，甚至还记录过自己戒了酒的月份。现在，我还要记录一下自己到底需要扔掉多少东西。起初，记录并无目的可言，不过是为了满足自己的好奇心罢了。55% 的东西被我丢到了门外，我知道自己扔掉的衣服不少，所以很想知道具体的数字。

接着，我着手收拾办公室。办公室同样是我的客厅，严格来说，它也是我的餐厅，甚至还是我的厨房。我的公寓是开放式设计，一进门，家里的东西便尽收眼底。我腾空了碗橱、书架和抽屉，把东西一股脑堆在了餐厅的木地板上。我没有餐桌，也没有餐椅。毫无疑问，单身的人才会住进这种公寓，一个人坐在沙发上吃饭足矣。直到今天我才发现，窗外的日出壮观异常，而我的房间却一片狼藉。

这儿乱得更加棘手。相比之下，收拾衣服倒显得容易得多。乍一看，书架上除了带字儿的纸，还有不少装饰品。几年来亲戚朋友送的小物件和我买给自己的礼物也摆在上面。我打算买了相机、相册、纸和墨水就着手去做的方案同样也在上面。

　　书收拾起来也不容易。我还没出生，我妈便轻柔地给她慢慢大起来的肚子大声讲故事。她总是说，我四岁就能自己看书。我之所以相信她的话，是因为我有证据：五岁时，我自己建了个图书馆，把自己的几本童书分好类，借给社区的其他小孩儿。我按照从 1 到 10 的顺序给书排好序，用本子写下借书记录。在我的监督下，谁都不可能弄丢我的那些宝贝。

　　我和多数作家一样，手里总喜欢拿本书。十几岁时，我记不清多少个清晨要起床去上学时，却发现卧室的灯亮了一夜，手里的书早已掉在了地板上。九年级时，我患了严重的链球菌咽喉炎，于是上床前拿了支橙子冰棍润嗓子，吃了一半却不知不觉睡着了。醒来时，书上满是橙色液体，白色床单也印上了一个足球大小的橙色斑块。不出所料，事后不久，我床单的颜色就换成了深色系。

　　我喜欢书，也喜欢读书。可我买的书太多，一个月甚至一年都读不过来，这个臭毛病就是改不掉。以前，我经常不知不觉便一下子从网上多买两本书，多花不少钱。我之所以这么做，只是为了凑足 200 元来省掉邮费。其实即便买第一本书也往往是我一时冲动的结果。一看到网上的书评，看到朋友的推荐，我便一下子跑到网上，把其他看着还不错的书也一起放进购物车，将可恶的运费和手续费降到零。十年左右的时间，我每个月至少会买一次书。按照每个订单平均花费 180 元计算，我一共把两万多元砸在了大概 240 本书上。可我也只读过其中的 100 本而已。

2013 年我搬来搬去倒是有个好处，就是让我知道了自己压根儿就不想去读那么多不曾翻过的书。不少励志书现在对我来说毫无用处；自以为会读的名著却令我昏昏欲睡；更多的是工具书，我似乎根本没时间去看上一眼。所以搬家时它们被我扔掉了大半——至少我觉得是这样。

这次大清理，我发现自己居然还有 95 本书。是留还是捐不好取舍，不过我决心要坦诚面对自己。我真的会读这本书吗？如果答案是肯定的，我会把它放回书架。但如果答案是否定的，我会直接把它丢进袋子里。来来回回做了 95 次选择之后，我留下了已经读过却仍然爱不释手的 8 本书和觉得有朝一日一定会读的 54 本新书，然后把剩下的 33 本书（其中的 35% 都是新书）捐给了穆迪港公共图书馆。虽然我不会读这些书，但希望有人能喜欢它们。

收拾办公用品要容易得多，因为除了铅笔，我其余的办

029 七月：列清单 / 029

公用品都刚好够用。不知道怎么回事儿，我居然有 36 支铅笔，然而没人会需要 36 支铅笔。虽然还是有点儿多，但我还是留下了 8 支铅笔，把剩下的铅笔连同几个储物箱、文件夹和旧笔记本送给了一位做老师的朋友。最终，我一共清理掉了 47% 的东西。

厨房收拾起来也很轻松，因为厨房原本就很小，这里的茶杯、水杯和盘子不算太多。我卖掉了搅拌机，因为我从来没有用过它；我发现果汁给我的身体增加了不少糖分，便也卖掉了榨汁机，因为不管是不是鲜果汁，我都不再需要；我又把一半的烹饪书塞进了袋子里，打算和其他的书一起捐给图书馆，因为无论初衷多么好，我却从来没有看过它们；我缩减了器皿抽屉，扔掉了里面 25% 的叉子。

最后，我打开卫生间的橱柜，发现里面满满当当地摆着三大包洗漱用品。我一股脑把它们倒进洗手池，结果它们多到溢到台面上。我不停地购买各种各样的乳液和沐浴露，因此橱柜里塞满了数不清的小瓶子。我还从大大小小的旅馆里带回来不少洗发水和护发素，留着很多不知道谁寄过来的小样，生怕"浪费"。亲戚和朋友们给了我不少他们不喜欢的东西，想着我没准儿会觉得不错。重申一遍，无论初衷多么好，我却从来没有用过它们。正如我总喜欢穿同一件套装一样，我的护肤习惯也极其简单，所以这些东西我压根儿用不到。我扔掉了过期的和那些只剩下半瓶的护肤品，而后把能够捐给妇女之家的东西包了起来。我一共清理掉了 41% 的洗漱用品，剩下的东西刚好能装进洗手池下的袋子里。

收拾完所有房间，只剩下几个盒子需要整理。一连五次，我把这些盒子从衣柜里挪出来，搬到车上，载着它们来到新的住处，再把它们搬到屋里，摆进新的衣柜里，却从没顾上看一眼里面装的到底是什么。

第一个盒子里装着 61 件东西：30 张 DVD、30 张 CD 和一盒磁带。我丝毫没有犹豫地把其中的 57 件装回盒子捐出去。因为我没有可以播放这些光盘和磁带的设备，所以它们一点儿用都没有，我必须得把它们捐出去。最后四件东西捐得很吃力：从儿时起便格外喜欢的两部电影的 DVD 和第一次购买的两张 CD。它们让我想起和小伙伴们一起看电影的日子，想起 80 年代我随着 CD 里传出的音乐摇晃着脑袋的样子，现在想来，真是傻得可以。可世界早已变了模样，这些东西在网上随处可见。我永远不会忘记这些电影和歌曲，相信我们还能遇到彼此。因此，所有的 61 件东西都得捐出去。

　　那一刻，我犹豫了。我盯着盒子，它靠在墙边，和其他装好的袋子一起排得整整齐齐，所有东西准备就绪，只等着我给它们找个新家。我盯着盯着，忍不住把它拽到身边，又看了看里面的东西。我真的准备好扔掉它们了吗？我脑海里传来爸爸的声音，那种勃然大怒的声音。每当他发现我没有用他和妈妈买给我的东西时，都会发出这种声音："我们买东西花了不少钱！"他的内疚套路总让我伤心欲绝。

　　现在，我要把塞得满满当当的袋子和盒子扔出门去。我买这些东西花了不少钱。CD 和 DVD 可不便宜，尤其是在购买它们的那些日子，我的工资不过比最低标准高一点点而已。唯一值得慰藉的是，我用过它们。可买回来的书却大都没有看过。没有启动的项目、只穿了一次的衣服，忘记了不断囤积的洗漱用品，等发现时却已经过了保质期，就这么浪费了。浪费钱、浪费梦想、浪费机会。一想到这里，我便后悔把它们送出去。不过每天来来回回地盯着这些浪费了的钱、浪费了的梦想和浪费了的机会更让我难过。所有的东西都得扔掉。

　　第二个盒子里装着几个小盒子。里面装着还未开封的视频游戏机、两个调制解调器、一个电缆箱和 14 根随意选来的电线电缆。这里的东西大都没有花钱，是电缆公司、网络公

司或是朋友们送给我的，我打算卖掉游戏机，把剩下的东西
捐出去。

最后一个盒子就像秘密宝箱，它藏在衣柜里，只有我知
道里面装的是什么。我的相册、毕业证、学位证、一堆年鉴
和两个玻璃瓶。一个玻璃瓶里空空如也，里面曾经装着朋友
从墨西哥带回来的龙舌兰酒，为了感谢我帮忙照看他们的房
子和猫咪，他们送了我这瓶圆润柔和的佳酿。酒瓶正面有个
小小的男雕像，正躺在吊床上睡午觉。几年前，我喝掉这瓶
酒的时候就是这个样子：结束了一天漫长的工作，我在院子
里细细地抿着这酒。每当酒水滑过舌尖，我就忍不住想，这
才是生活。

第二个瓶子不是龙舌兰酒，更不是从墨西哥带回来的。
这是瓶朗姆酒，是从当地一家卖酒的商店买回的廉价酒。我
从未打开过这瓶酒。就像我虽然决定捐掉这些东西，可一想
到我曾经在上面花过钱就有种负罪感，尽管我戒了酒，可要
浪费这瓶朗姆酒，我依然感到十分不安。没错，它不贵，然
而对我来说，它曾经意义重大。如果我捐掉它，它一定能够
完成自己的使命。这难道不就是极简专家所说的，每样被留
下的东西都该有的特点吗？当然，它现在不过就是个玻璃瓶，

因为我又不会再喝掉里面的酒——这我知道。

留着朗姆酒的理由和我舍不得扔掉长裙、书、DVD、灯芯绒裤的理由一模一样："万一"有用呢。万一哪周我工作不顺利；万一哪天我又伤了心；万一哪天我要放纵一下过个美好的夜生活；万一哪天我想忘掉些不愉快的事儿；万一哪天我觉得戒了酒并不好呢。

这同样是场实验——一场荒谬的实验——我永远也不会让我爱的人去尝试，却让自己身陷其中。多数时候，我想不起卧室衣柜里有个盒子，想不起里面的相册、毕业证、学位证和一堆年鉴下面还有瓶尚未开封的白朗姆酒。然而每当我遇到"万一"的事儿，总能想起这瓶酒。即便工作搞得我焦头烂额，我也想不起它来，因为尽管需要花些时间，可我知道只要做做运动、呼吸呼吸新鲜空气就能缓解一天的压力。只有伤心欲绝时，我才会渴望放纵、渴望兴奋。如同想买书时的那份冲动，我只要沮丧甚至沮丧至极时便需要喝酒。我的后兜里常常装着朗姆酒。而这场实验便要你把它留在那里。

最后一个盒子收拾起来很轻松，我知道，除了这两个玻璃瓶，其他东西都不能扔。我得扔掉玻璃瓶。空瓶的使命结束了，我用不着回忆这使命究竟是什么。我打算倒掉满瓶的酒,只是与以往不同,瓶里的酒去了另一个洞——我没有理会我的嘴唇,径直去了厨房的洗涤槽。我一边倒酒,一边和我浪费的钱、浪费的梦想和浪费的机会说再见。也许刚好相反。这没准儿正是节省金钱、节省梦想、节省机会的开端。

收拾完毕,屋里 43% 的东西都已打包完成等待捐赠。这些东西把我的新起亚锐欧塞得满满当当,从副驾驶座一直到后排的车顶——塞了两车。我开车跑了两趟各种捐赠中心,所有的东西才永远离开了我。

同时,我记录了自己扔掉了多少东西,还打算写写留下了些什么。我整理好留下的东西、摸了摸它们,真切地感到自己拥有得真不少,要是想放弃购物禁令,我只消回忆一下便好。不过我打算再看看它们,做个盘点。这样购物前,就能知道家里还有些什么。自以为水池下有一个备用的除臭剂是一回事儿,实际上有四个或是压根儿一个都没有却是另外一件事儿。

清点完毕,我卖掉了最后几件值钱的东西:一部昂贵的全新相机,一台旧笔记本电脑——我留着它也是担心我的新电脑"万一"死机怎么办。我开了个新账户,把卖东西得来的钱存了进去，还存上了我每个月省下的买外带咖啡的钱，我给账户起了个贴切的名字——"购物禁令"。存进账户的钱要在里面待上一年，或是拿去买些必需品。

到了月底，我感觉很好——像是已经完成了不少任务似的。我的家亮堂了不少。我有了更多的居住空间，有了更多的空气来呼吸。要是接下来的几个月也像这次大清理一样简单，我便能轻轻松松地抵达终点。当然，我知道轻松不了。十多年的生活习惯和轨迹改变起来并不容易。我所能做的，只是为抵达想去的远方铺个路。而真正的工作就在第一个拐弯处等我。我知道，抵达终点是早晚的事儿。不管怎么说，这也不是我第一次尝试极简生活。

2

八月：改变日常习惯

戒酒时间：19 个月

收入存储比例：20%

扔掉的东西占比：43%

　　我第一次烂醉，是和亲生父亲一起喝的酒。那是我第一次见到他，之后再也没见过他。那时我只有 12 岁。我故意不在网络上提我的酗酒经历。我不愿意讲述这段经历，不是在意别人怎么看我，而是因为不想让我的家人成为供人消遣的谈资。这段经历同样也不足以说明我的教养有问题。哎，可它的确发生过，在小伙伴们都忙着嬉戏、踢球的年龄，我却染上了酒瘾。

　　妈妈和我的亲生父亲并没有结婚。坦白说，他们都算不上夫妻，只是几次约会后妈妈怀了孕，这彻底改变了她的生活。而生父因不想负责，在我出生前逃去了美国。她接受了现实，选择做我的母亲，而我成了她的女儿。我之所以说"选择"，是因为在我看来，她有权决定我的去留（尽管她会告诉你，我是上天赐给她的礼物）。她选择由我们两个组建家庭，而后又选择让我的继父加入。

小时候，妈妈从来没有带我见过她的男朋友们，直到爸爸[1]出现，她才把我介绍给他，我特别感激妈妈让我以这样的方式长大。我和妈妈两个人一起生活了七年，即便见到了爸爸，我还是不太希望他加入我们。事实上，我讨厌有人搬进我家，讨厌有人霸占妈妈的床，要知道，每次做了噩梦，都是我蜷缩在那个位置。那是我的枕头、我的毯子、我的床、我的妈妈。

妈妈是在 1992 年认识的爸爸，1995 年他们结了婚，家里的成员也从三个增加到了五个。我比妹妹阿丽大 8 岁，比弟弟本大 10 岁，年龄差距给了我一个特殊的挑战。我们的爸爸有半年的时间都跟着加拿大海岸警卫队沿着不列颠哥伦比亚的海岸线巡逻。这半年里，我就从姐姐变成了他们的另一个妈妈。

我接"孩子们"放学、带他们做运动、给他们做饭、为他们洗衣服，还要打扫房间。有些十来岁的孩子不愿意做这

---

[1] 这本书里提到的爸爸都是我的继父，因为他才是我真正的父亲。

种事儿，甚至大吵大闹，而我却引以为傲。

12 岁时，我的亲生父亲联系了妈妈，告诉她他回到了维多利亚。维多利亚是我的家乡，他们两个也是在那里认识的。他的妈妈和弟弟还住在那儿，他回来看望他们，希望我们三个能一起吃个饭。她问我怎么想。我回答：无所谓。当然，我也会好奇。我在单亲家庭里长大，但始终觉得我的妈妈是世上最好的妈妈。妈妈为了我们的生活努力工作，爸爸妈妈会给我想要的一切。一直以来我都知道，他们都很爱我。但是，我还是好奇是哪个神秘人物创造了我。我们决定去见他。

我清楚地记得那晚，却也有些一头雾水。清楚，是因为那晚的情形历历在目，就像你忘不掉自己第一次约会、第一次接吻的尴尬场面一样。一头雾水，是因为我永远也想不明白当他把我置于当时的境地时，他在想什么。

他们漫不经心地聊着天。"你现在在哪儿住？""做什么工作？""家里人好吗？"都是些寒暄的东西。我静静地听着他们聊天，听着他们谈论我，听着他们和我说话。我不知道该说些什么——12 岁的孩子能说什么？那时，我每天只是围着朋友、书、篮球转，也有了喜欢的男孩儿。不过他会想听这些吗？

　　我没有说话，只是一直盯着他看。他们聊天，我却认真地观察他的脸，和我自己的脸做着比较。他一头金发。我也是。妈妈、爸爸、阿丽和本的头发都是深棕色的，所以我是个异类。我的头发颜色是遗传他的，我想。我们的鼻子长得一样。我还发现，他微微一笑，上嘴唇就变得很薄，大笑起来，脑袋便向后仰起。我一微笑，上嘴唇也会消失不见，我恨透了这点。我现在知道该怪谁了。

　　我们准备离开时，他问妈妈能不能带我去市中心吃冰激凌。我的亲生父亲是位自由摄影师，他想给曾经的家乡拍些照片。"找到所有的感觉，哟！"他说话习惯用"感觉""妙""伙计""哟"这种词儿，还混杂着英国和非洲口音。我听不懂他在说些什么，只觉得在我这么大的孩子听来，十分粗俗。妈妈问我要不要去。要是拒绝他会更尴尬，所以我上了他的车，我们沿着德拉街一路向南向内港驶去。

　　当时我想不明白的是，他压根儿没打算带我去吃冰激凌。他抱怨咒骂着市中心没有停车位，然后带我走着去了堡垒广场，进了最古老的酒吧。他让男招待照顾好我，然后冲我眨眨眼，微笑着消失在酒吧一角。

　　他把我丢在那儿，我觉得似乎过了几个小时，其实可能不过三十几分钟。男招待给我端来两个杯子，后来我才知道，里面装的是玛格丽塔酸橙鸡尾酒。第一杯尝起来像从 7-11 买来的思乐冰。我一边看电视，一边慌慌张张地抿着酒，盼着自己快点把它喝光然后离开这里。当男招待把第二杯酒摆在我面前时，周围的一切变得亮晶晶的，我的身体也热了起来。我的亲生父亲和朋友们叙完旧回来找我，发现我已经醉了。"咖啡威士忌能让她清醒点，伙计！"他冲着男招待大吼大叫。我抿了一口，又慢慢吐回黑色酒杯里，然后问他能不能送我回家。

直到现在，那次搭车仍然是我最不舒服的经历。一连二十几分钟，他问来问去："话说，你继父怎么样？""你觉得你、我还有你妈妈能不能成为一家人？"我望着窗外，汽车、房子变得模糊不清，从我们身旁疾驰而过。我没有说话，强忍着泪水向窗外随便什么神灵祈祷，让我赶快到家。突然间，我满脑子想的都是阿丽和本，我永远也不想离开他们。我同母异父的妹妹和弟弟。我唯一的妹妹和弟弟。

妈妈肯定一直坐在窗前，向外张望着等我回来，因为我们的车刚驶入车道，她便立刻打开门走了出来。我爬下车，他冲她挥挥手，便开着锈迹斑斑的白色别克疾驰而去，这辆旧车还是他从他妈妈那里借来的。她站在最高一级楼梯上，看着我跟跟跄跄地沿着车道向上爬。我抵着墙，慢慢地一个台阶一个台阶地向上挪动，手都被拉毛玻璃墙板划伤了。我终于到了门口，我看到妈妈一脸惊恐地望着我。这是妈妈第一次这样望着我，却不是最后一次。我走进屋，依旧抵着墙来保持平衡，趔趔趄趄地进了卧室，才一下子倒在床上。

那之后，我记不清究竟发生了什么。只记得我躺在床上，听着妈妈在厨房里冲着电话大喊大叫。她给我亲生父亲打了电话，又给让我喝酒的酒吧打了电话，吓唬他们说要报警。可笑的是，生父的弟弟就是警察，就在我妈妈工作的市政厅下属警察局工作。维多利亚可真小。我从来没见过他弟弟，这正好也说明了这座小城其实也很大。但我知道，他第二天就会知道这事儿。她在电话里这么说的。

我躺在床上听着妈妈打电话，看着乔纳森·泰勒·托马斯的海报在墙上打转儿，然后闭上眼睛，进入了梦乡。

也许这件事儿最糟的地方并不是它的发生，而是一连几年，我都把它当成了自己成熟的标志。

维多利亚公立学校体系一度只包含两部分：小学（从幼

儿园到七年级）和中学（从八年级到高年级）。喝过酒之后不久，我过了 13 岁生日，升入了中学。在那里，我有了新的朋友，其中不少都是八年级的女孩儿和九年级的男孩儿。

和其他叛逆期的孩子们一样，我们相互讲述自己小时候经历的争执事件。我有不少新朋友，他们的父母离了婚，有些还有了继父继母，他们却恨透了他们的父母。还有几个朋友的父母嗜酒成性、吸毒无度，就连他们的孩子都觉得很不好。不过倒是没有一个朋友喝过酒、吸过毒，只有几个男孩儿从冰箱里偷过香烟或一瓶啤酒。了解了他们的经历，我知道有件事儿能让我脱颖而出。

从小到大，我都没有格外优秀过。我六年级和七年级时参加过学校的篮球队，可是每场比赛，我只不过能出场几分钟而已。体育课上，我也常常最后一个完成任务。我不算很漂亮，我的头发很短，腰上和腿上还裹着不少赘肉。我没什么值得别人关注的地方。然而，的确有件事儿能让我胜人一筹：我是同龄朋友中第一个喝醉酒的人。

"今年夏天，我和亲生父亲出去喝了个烂醉。"我说着，就像这是最重要的事情一样。接着，我详细描述了那两杯酒，尽管我并不了解鸡尾酒，却还是总结道："改天我们一起喝

酒吧！"就这样，我不仅"融进"了他们，还成了这帮人里的小头目。

没过多久，每个周末我们都会出去喝喝酒。一个九年级的男孩儿有个朋友，他的哥哥周五的时候给我们买来酒。我们10到15个人聚在一起，在学校旁的看台上等着我们的特殊快递。每个礼拜，小货车会在同一时间出现——漆黑冬夜的六点抑或是春天的八点。接下来的几个小时，我们捆着两公升装的苹果酒，在棒球场欢蹦乱跳，把那儿当成自己的地盘儿。

那时我并不知道，在接下来的14年里，我会找各种借口来喝酒。我想喝点酒来让我觉得自己更酷——人本来就该是这个样子。我把酒精当成调节尴尬气氛的润滑剂，约会和做爱的时候更是必不可少。我靠喝酒来麻痹不安，虽然我当时并不了解其中的缘由，但我知道自己深谙此道。我精于喝酒。我精于和男孩子混在一起，喝多少都不会醉。我精于派对。

高中时，我一个礼拜就得喝个一两次酒，到了20来岁，我每个礼拜有三四个晚上都在喝酒，几乎每次都把自己搞得烂醉如泥。

我醉到不省人事有两种方式。第一种，有些晚上，我会醉到有一两个小时人事不知。我不得不和朋友们打听我们是什么时候离开的派对，打听男神在短信里和我说了什么。上床前，我删掉所有信息，我可不想一觉醒来看到那么多荒唐的东西。那种烂醉很糟糕，但一两个小时人事不知倒也还好。

第二种，有些晚上，喝酒一两个小时后我便完全没了意识。我像生怕被别人抢走了一样一口气把所有的酒倒进肚子。我最后的记忆往往是些有趣的事儿，比如赶去派对时一路放声歌唱，或是和派对上的朋友们相互拥抱。而后，我第二天早晨才会醒来，我大都躺在自己的床上，偶尔也会在别人的沙发上，不知道过去的六七个小时都发生了些什么。

我厌恶这样的醉到人事不省。我厌恶自己胡乱猜着曾经喝了什么、笑了什么、吃了什么、做了什么。我厌恶心口作痛，提醒着自己没准儿说了什么不该说的话、做了什么傻事，也许会影响我的哪段感情。我厌恶自己一无所知。而我，已经这样喝了 14 年了。

不知是从哪里看过一句话：要想改掉坏习惯，得不断尝试十几次才能实现。我戒酒就是这样。

我第一次想到戒酒，是在去参加朋友的圣诞送别派对的第二天一早。她要在泰国待上四个月。我们用特别的方式欢送她，喝了泰国啤酒、金朗姆酒和蛋酒——多么特别的组合，却正好适合我们这群 20 来岁的年轻人。我们 15 个，也许不止 15 个人，在厨房脱了鞋跳舞，她爸爸的乐队还给我们现场伴奏。

　　第二天一早，我睁开眼，发现自己穿着衣服躺在床上，却怎么也想不起自己是怎么回来的。我花了四天的时间才从十几个朋友嘴里打听出那天到底发生了什么。那天晚上，我打电话叫了出租车，却在人行道等出租车的空当睡着了。没过多久，我朋友的父母发现了我，把我从水泥地上拉起来，塞进了他们的小货车。我一定是清清楚楚地给他们指了路，因为他们把我送到爸妈家，放在了床上。而我完全记不得这些。那晚任谁都能把我从马路上捡走。

　　新年伊始，我给朋友的父母写了卡片，感谢他们的帮助，也表达了我的愧疚和痛苦，因为我压根儿不知道发生了什么。我告诉他们我打算戒酒，"我已经三个星期滴酒不沾了。"我实事求是地写。然而没多久我又喝起了酒，一连五年都没想过要戒掉。

　　2011 年，我的新年决心是一整年滴酒不沾。但我只坚持了 23 天。那年二月，我请了几天假，在国内飞来飞去，想过一种全新的生活。然而短短八周我喝光了所有的积蓄，用仅剩的 2500 元飞回了维多利亚的家，还欠下了 20 万元的消费贷款。那时，我不得不慢下来，少喝些酒。可只要我付得起一瓶几十元的酒，就忍不住买上一瓶，喝个一滴不剩——通常在一小时内。

2012 年夏天，一段多年的感情结束得撕心裂肺。我不停地参加各种派对来忘掉它。随着夏天的过去，我知道自己能喝酒的日子已经屈指可数了。如同 2011 年，和我的信用卡又要刷爆的时候一样，一个轻微的声音不断地告诫我，我不能继续这样对待自己了。

八月末，我收到了多伦多一家新开的理财公司的录用通知，成了那里的执行编辑。公司的首席执行官看过我的博客，她喜欢我的文章，知道我喜欢多伦多这座城市。"想过来吗？"她问。她不知道我多么想开始一段全新的生活。于是我接受邀请，辞掉了在政府的稳定工作，把所有的行李塞进两个行李袋，三周后跳上了飞机。

到多伦多后，朋友们开派对为我接风。之后，我还参加了两场生日派对，甚至和新同事狂欢了一个晚上。这种时候，我脑袋里的那个声音更加响亮。我知道自己在干什么：来到多伦多，假装多么快乐、多么兴奋，藏起深深的伤痛。这份感情仍然是我年轻的生命里最重要的一段经历。我不想感到痛，然而酒精也阻止不了它。

伤痛占据了我的生活，把我的好习惯一股脑丢出了门外。我又开始大花特花、乱吃东西。我早已记不得上一次外出跑步是什么时候，记不得上一次去健身房是什么时候。夏秋交替，我知道唯一能够让我振作起来的事便是彻彻底底地戒酒。这次，我甚至把这件事公布在博客上，命名为"我受够了各种借口（再一次）"。我想着只有把它写出来、点击"发布"，才能逼着我负起责任。我刷爆信用卡时，这个方法管用；我打算过健康生活时，这个方法管用。戒酒用这个方法也错不了，是吧？

45天后，我在一场音乐会上喝了两瓶啤酒，一连六周狂欢作乐：我第一次去纽约的时候几乎天天喝到酩酊大醉；发现自己不止一次和男人们待在一起，很是别扭；一共在酒吧里砸了三千多元；一天早晨醒来，发现穿着的牛仔裤不见了踪影，不知怎么换了条裙子回家。

我试着戒过几次酒，但直到最后一次真的下定决心，是在我 27 岁的时候。那是再一次从不省人事中缓过神来，我只能依稀记得前一晚的尴尬状况，我知道我受够了。那次的状况并不比之前糟，但我做好了把它尘封起来的准备。我不止一次醒过来对自己说："我不能再这样下去了。"现在，我已忍无可忍。

戒酒最难的地方并不是无法喝酒——而是你不得不去面对尴尬的场面、去感受不安、去遭受拒绝，然而这些却时有发生。有那么些日子，我习惯了憎恨一份感情，习惯了用酒精来掩饰自己的感情，而现在却无法实现，我不得不去面对苦恼，强忍着想喝酒的冲动，找到处理问题的新方法。

戒酒不到两年的时候，我开始实施购物禁令。一个来月的禁令让我意识到戒酒与戒外带咖啡如出一辙。

一觉醒来却依旧累得睁不开眼时，我会第一时间想到拿铁。不知道为什么，穿好衣服下楼去咖啡店买外带咖啡似乎比走进厨房自己煮上一壶要容易得多。十点左右，我工作累了时会想喝杯咖啡。脑袋中有个声音劝我，喝杯咖啡是应该的。我做家务前、上路旅行前也想喝杯咖啡。直到不再买咖啡，我才发现我有多少毛病是和外带咖啡连在一起的。每次忍不住想喝咖啡，我便停下来想想是什么在诱惑我，而后便改变了态度。

戒外带咖啡显然比戒酒要容易得多。要是早晨想喝拿铁，我只消去厨房，在法式滤压壶里放些咖啡豆便可以了。我有时会给自己来杯榛子糖浆，试着煮杯拿铁。若是要开车长途旅行，我就给水瓶和旅行咖啡杯里装满咖啡。反复这么做上几次，我便养成了新的习惯。到八月中旬，我很满意自己的变化。

而戒酒时的种种变化并非都令我满意——即便到了现在，实施购物禁令时的种种变化也并非都令我满意。多年来，我以为酒能让我的生活变得更加美好，就像我以为购物能让我的生活变得更加美好一样。我并不会每天都琢磨着买东西，我甚至一个礼拜也想不起买些东西。然而有时，几秒钟前还不感兴趣的东西却能突然吸引住我。

我听说有本好书，便马上上网打开零售商网页；我去商店买睫毛膏，边上的一排眼影却提醒我，我的眼影没准儿选错了颜色，应该试试新的；我不知道什么是 BB 霜（我现在仍然不太清楚那到底是什么），然而每条广告都说，它能让我的皮肤完美无瑕，所以我琢磨着要不要买上一瓶；我看上了一件帽衫（属于能够购买的东西），却发现它边上的那条

围巾也不错，我没准儿也该买一条！当然，我并不需要这些东西，庆幸的是我最终也没有真的花钱去买它们，一样儿都没买。

不允许买新东西最大的问题并不是我不能买新东西，而是要勇敢面对诱惑，改变自己的态度。一旦把购物禁令抛在脑后，我会立刻想到去购物。它就像是我离不开前男友一样。

每当这时，我会停下来，看看周围发生了些什么，找到诱惑我花钱的理由。有时这理由不过是我的手指离电脑不过几步之遥，打开购物网站变得轻而易举；有时这理由不过是促销广告或是店里飘出的香气吸引了我。曾经，我想要什么东西，我就买下它，没有疑虑，也不用担心预算和存款。要抑制这样的冲动，我唯一能做的便是记住自己扔掉了多少东西，家里还剩下多少东西。这些就够了。

身处其中，我才意识到，购物禁令远比我想象的要难得多。它不单是不能花钱那么简单——我得改变多年来养成的习惯和生活规律。

我看过不少研究习惯的文章，然而改变习惯需要多久却众说纷纭。有人说，改变习惯只需要 21 天，有人却说需要 66 天，还有人说需要 12 个礼拜。对我而言，实施了两个月的购物禁令后，我仍然需要不断识别诱惑我花钱的因素，并一一推开它们。与此同时，我努力找到它们之所以在第一时间出现的原因。时隔这么久，这些诱惑依然出现，这并不让人惊讶。问问有瘾的人多久才能不惦记令他们上瘾的东西（不管是酒、毒品、食物还是其他任何东西）——唯一能帮助他们渡过难关的东西，我敢保证，没人会说是 21 天。

八月末，我的购物禁令已经实施了 56 天，我却依然能够感到打着好心好意幌子去花钱的坏习惯在蠢蠢欲动。我了解了自己大部分的日常习惯，而我即将发现，购物的冲动远比我想象的要强烈得多。

3

九月：告别购物疗法

戒酒时间：20 个月

收入存储比例：12%（整月都在旅行）

能够完成此项计划的信心指数：60%

　　一听到购物狂这个词，你的脑海中可能会出现一个踩着高跟鞋的女人，手上拎着一堆购物袋，里面装满了衣服、鞋子和化妆品。这就是我脑袋里常常出现的画面，多半是因为媒体和畅销小说都是这样描述。有些书描写过购物狂，有些电影拍摄了购物狂，这个形象千篇一律。

　　所以，我压根儿不符合购物狂的特征。除了车以外，我之前所有的贷款都花在了出去吃饭和参加派对上，信用卡让我过上了原本消费不起的生活——而这并非都是购物惹的祸。我也会和朋友逛街，不过只是偶尔才会这样放松一下。我不知不觉就会花钱：买压根儿不看的书、想着去店里买两件东西却拎了五件出来。可我不穿高跟鞋，也不会往家拎一堆装满了衣服、鞋子和化妆品的购物袋。所以，我不是什么购物狂，对吧？

伸手指着模式化的购物狂形象说："我看上去不是那个样子，所以我不是那样的人。"这再简单不过了。此言一出，我们总会对自己满意不少，被购物狂形象囊括的人们却更自惭形秽。我可能并不符合购物狂的特征，然而毫无疑问，我有购物强迫症。

事实上，我沉迷于购买食物、酒和所有其他的东西。20来岁的时候，只要不出门，我会一连几个小时待在电视前，根本停不下来。我不是什么酒鬼，但在我人生的某个阶段，专业医师极有可能把我诊断为酒鬼。我常常撒谎，不实话实说自己喝了多少酒、花了多少钱、如何付的款，实际上我总是用现金，从来不刷信用卡，因为"我买得起"。每次去购物，我也会为自己编造这样的谎言，找到这样的借口。

有时，我成了购物疗法的牺牲品。为了让自己好受些，我不停地购买各种东西，喝酒更是常有的事儿。要是出了什么大事儿——一下子绊倒了我，让我跪倒在地，颤颤巍巍地往前爬——我就会大买特买自己压根儿买不起的东西，搞得自己不堪重负。对我来说，这种大事儿往往就是和谁分了手。

决定实施购物禁令的前几周,我开始和一个新家伙安德鲁约会。7月,我在多伦多的时候和他见过面。2012年,为了去多伦多那家新开的理财公司工作,我还辞去了政府的工作(尽管我现在在家办公,却经常会回去看看)。安德鲁是个会计。我们都喜欢数字和数据表格,很快便相处融洽,谈话间令彼此哈哈大笑。尽管我们相距千里,却一见如故,我们都希望能深入了解彼此。

蜜月如同它的名字一般美好。安德鲁住在另外一个时区,比我这里早三个小时。每天清晨醒来,我都能看到一条体贴的信息,信息结尾处总会缀着一颗心或是一个吻。我们会煲电话粥,一聊几个小时直至深夜;我们会在Skype(网络电话工具)上约会,隔着Skype一起吃饭、看黑白电影。刚刚交往一个月时,他便问我还会不会和其他人约会,问我们是不是彼此的唯一。我整个人飘了起来。要是我们面对面站在一起,我想他一定会一把抱起我,转上三个圈,就像黑白电影里演的一样,用浪漫的一吻搞定这件事。

我喜欢安德鲁,因为他很体贴,更因为他敢开口问尖锐的问题、聊难堪的话题——不少人都在回避这些问题,更不会在刚刚确立关系时提出这些问题。我们分享了彼此的工资和存款状况。我们聊了各自的宗教信仰和政治信仰。我们讨论了无数次我戒酒的情况，讨论了它对我的意义。（只有参加社交活动他才会喝酒，我的合作伙伴也大都是这样。）我们仔细分析了之前的恋爱经历，寻根溯源，分析问题到底出在了哪里，为什么都以失败告终。

一直以来，安德鲁没有避讳他离过婚的事实。他和前妻一起生活了10多年，他们选择结婚，因为似乎这样才符合事情发展的规律。不过，因为她的出轨，他们的婚姻很快走到了尽头。他本可以把所有的错推到她身上。人们大都会这样做。如果换作是我，应该也会如此。然而，他却给我讲了他在这段感情中的问题——他是如何把这段感情看得理所当然；每每发生争执，他是如何对她不理不睬。这段婚姻让他明白，誓言不过短短几个字而已，只有行动才能让它成为现实。我们聊着聊着，他的人生感悟触动了我——不是因为他对我的评价，而是因为他的故事让我想到了自己。我回忆着刚刚结束的那段痛苦的恋情，想起早已抛到脑后的点点滴滴。我想起前男友克里斯，他把我推倒在床上，一把将枕头甩在我脸上，冲我大吼大叫。我想起我要离开时，他却牢牢地把我抵在墙上；我想起他拿走钥匙，把我反锁在外进不了门。这么多年来，我第一次回想起我的所作所为。我表现得很差劲，我一点儿都不完美。我把分手后的记忆装在盒子里——放到思绪后面的角落，藏在所有美好回忆的身后：我回了学校，获得了通信学学位，还在远方的城市找到份工作，我付清了贷款、努力保持健康、戒掉了酒瘾。不过，和安德鲁聊天让我看清了事实：之前的分手并不是克里斯一个人的错，在那段感情里，我表现得也极其糟糕。

　　每当有了诸如此类的发现，我都觉得是安德鲁为我举起了一面镜子。我们聊天时，他帮我看清我自己，让我注意到之前从未发现的自我。可能在周围的人看来，我的一些问题再明显不过，搞得他们十分痛苦。和安德鲁一样，我发现每每发生争执，我也会对人不理不睬；我没有主见，兴趣爱好也说变就变；我承认，无论谁来爱我，对方都必须全心全意。和克里斯分手后，我告诉自己就这样单身下去，把精力都放在自己和工作上面。然而，当你面前竖起一面镜子，你就不得不面对现实：我让自己不去想约会的事儿，我真的怕极了，不想再经历一次这样的感情。我依然和朋友们待在一起，却在心里筑起了高高的壁垒，他们根本看不懂我。约会无法供人挑选。我也无法供人挑选。

安德鲁了解我的问题，就像我了解我自己一样，可他不会被吓跑。事实上，我们谈心的时候就已经做好了计划，真正的计划。我们约定好了未来六个月的见面时间（六个星期见一次），定好了分摊异地恋花费的方式（飞去对方城市的人负责购买机票，东道主则负担其余的各项费用）。我每天都在想他，对此我一点儿都不怀疑。

劳动节，我飞去找他，和他在一起生活了整整一个礼拜。我们很快融进彼此的生活，就连旁人见到我们，也总以为我们是相濡多年的情侣。我们在厨房里绕着彼此穿梭，他做饭，我洗碗；一进杂货店，我提醒他买了不少他忘了记在购买清单上的东西；只要我们站在一起，不是手挽着手，就是把手搭在彼此后背上；就连我们蜷缩在沙发上的样子，也如同最后两片终于拼装上的拼图一样。一切都是那么完美，直到我离开的那个晚上。

安德鲁异常安静。他像往常一样倚在沙发上，他的双手绕在我身上，头抵在我的腿上。我们看了场电影，他一句话也不说，直到电影结束，他仍然安安静静。我们爬上床，他还是一言不发。那晚，我们没有做爱。他没有像前几晚那样抱我，也没有把我拉近一些。他背对着我，蜷缩成一团——

他筑起了他的墙。显然，我要离开让他很不自在，他默不作声，我们之间竖起了一堵墙。我平躺着望向天花板，琢磨着该说点什么，好打破沉默。我要不要问他怎么了？要不要也蜷缩起来，背靠着他？我要不要动一动，看看做爱管不管用？我觉得第二个方法还不错，可我还没来得及动一下，没来得及说句话，他就已经打起了呼噜。我好怀念能推倒那堵墙的机会。所以，我蜷起来，靠着他的后背，任由泪水静静地淌了下来。虽然和他躺在一起，但直到那时，我还是感到一阵孤独。

第二天一早，我们开车赶去机场，我不知道为什么，我甚至都不知道发生了什么，可我知道，我们结束了。我们一点儿都不像在一起生活了一个礼拜的样子。我们反倒很尴尬，聊起天来像是两个刚刚结束会议的同事在没话找话。

"你喜欢这几天的生活吗？"他问。

"喜欢，我过来真的很高兴。"

我不再说话，泪水已经涌了上来。我有好多问题想问他，却怕他说出答案，一想到还要经历一次伤心欲绝就够难受了。他知道的，我在他面前没有任何防备。他知道的，我还没做好再次受伤的准备。所以我不再说话。这不是成年人该做的事儿，可我的确那样做了。我筑起了自己的墙，而后再也没有说话。

　　到了机场，他没有解下安全带，也没有出来抱一抱我。他只是探出头，亲了我一下，一副很勉强的样子。我突然希望他能收回他的吻。我拽过行李和他说再见，我知道，这可能是我们见的最后一面了。

　　接下来的几周，我和安德鲁仍然发信息联系着，却和以前完全不同。每天醒来，我都希望能够看到他体贴的缀着吻的信息，可一条都没有。我总在问他每天的生活、工作，问他家人和朋友的情况。他的回答大都很简短，却比不理不睬更令我难受。可我还是不敢问他怎么了。我没有准备好听他的答案，所以干脆不去问他。要维系一段实际上并不存在的信息恋情，只有排得满满当当的行程能让我忘却其中的孤独。

　　离开安德鲁家，我去了安大略省的金斯顿参加老板的婚礼。婚礼一结束，我急忙飞回温哥华，开车接上我的朋友凯西去度了个女孩子的周末。我们沿着5号州际公路驶入俄勒冈州的波特兰市，在那儿玩儿了整整三天，我们去斯顿普敦喝咖啡，去美味的阿尔德吃早饭、午饭，去博克博克吃晚饭，去盐＆草吃冰激凌，就像死掉之前必须把这些事统统做完一样。如果那个周末我们就要死去，我们也是酒足饭饱、笑容

满面的。如果那个周末我们真的死去，我手里仍会握着手机，因为我忍不住看它，我总想知道安德鲁会不会还像以前一样，发那种信息给我。我讨厌我这个样子。我讨厌自己无所事事，成了一门心思盼着某个男人的女孩儿。可我依然等着、等着，不停地看手机，想知道有没有他的信息。然而却一条信息都没有。

我和凯西离开波特兰回到了家。两天后，我开车去机场，飞去新奥尔良开了三场会（生活在加拿大西海岸的烦恼便是，无论想去哪儿，都得坐上几趟飞机）。我给安德鲁发了信息，告诉他我安全抵达了目的地——我每次出门，他都让我这么做——而且我们又生活在了同一个时区。他的回答温暖了不少，我们聊得也多了些。最后，我说想给他打电话，他同意了。可我们刚刚问候了几分钟，他又冷淡了起来。我受够了。是时候推倒我们彼此筑起的墙了。"你怎么了？"我盘问道，"你怎么变得那么陌生？"他的只言片语道出了我离开的那个晚上便知道的实情：他不想陷入一段严肃的恋情。尽管这几周我对此早有预感，可这些话真的被说出来时，我还是崩溃了。抵达新奥尔良后，我一连在旅馆躺了 24 个小时，一直蜷缩在被子里不敢动弹。

我终于下了床，真高兴可以和好朋友们在这座新城市欢聚。趁着会议和活动的间隙，我们在法国区漫步，一直走到了路易斯·阿姆斯特朗公园。清晨，我们在世界咖啡馆喝咖啡，我们吃掉了太多的甜甜圈，在桌子上留下了一圈圈糖霜。午饭时，我们去中央食品杂货店吃三明治面包。晚饭时，我们去穷汉吃什锦菜。当然，夜晚的波旁街有爵士乐表演——很多场演爵士乐表演。

总之，能在新奥尔良真好，能和朋友们在一起真好。然而我似乎永远无法分散自己的注意力，让那份痛苦消失。我发现，只要能开心起来，我什么都愿意尝试。那些"尝试"大都是琢磨着买点儿什么。要是遇到什么伤心事，大家都会这么做。无论疗伤还是解决生活中的其他问题——甚至不是问题的问题亦是如此。

事情要从买个每日计划本开始。我好几年不曾用过每日计划本，但为了自己好，我打算买一本，从一月的前三周就开始用。可我一下子把这事儿抛在脑后，直到五月才想了起来。那时，我拿起计划本琢磨着，好吧，真是浪费，今年过了快一半了，现在开始还有什么意义，于是干脆把它扔到了一边。这就是我这个成年人用来处理我和每日计划本关系的惯常做法。但是从新奥尔良回到家，我希望能有个新的开始，我的确需要本每日计划。这个计划本相当不错！里面有足够的地方写我的生活计划和工作任务，边缘上的名言警句激励着我，背面的空白页还能记下我读过的书。这是本 18 个月的每日计划本，所以，我可以从现在开始计划，一直用到 2015 年年底，这太棒了，就像为我量身打造的一样。

接着，我发现自己恨透了我的衣服。它们一件件的都又旧又破，显得我又老又丑。社区、杂货店里晃荡的女人看起来都比我像样得多。她们看上去很开心，而我却又老又丑。我开始逛网店，搜罗能让我看上去还不错的衣服。我看了些成熟的衬衫和裤子，没看牛仔裤，总穿牛仔裤，看上去多不专业？我也得试试裙子，我想。我一直不喜欢裙子，可看别的女人穿裙子多可爱，裙子不过是件普通衣服，能让你看上去不错而已。嘿，快看！那条高腰裙似乎挺适合我，也许我该买两条不同颜色的。

除了买计划本和衣服，我还一直琢磨着买些书。我看上了一个手工马克杯，每天早晨用它喝咖啡挺不错；我看上了一块儿地毯，我待在厨房时它可以给我暖暖脚；我看上了一把菜刀，我的刀一点儿都不锋利，要是没刀，我下次做饭怎么办？而我需要解决的最棘手的问题是换手机，我的手机又旧又慢，时不时还自动关机，总会让我无缘无故地生气。我需要手机。换手机可以减少我每天的烦恼，让我的生活更加美好。我把手机放进购物车，看了眼合计金额才意识到要发生些什么。我只需点一下提交按钮，就会买东西，就会打破购物禁令。一想到禁令，我不但住了手，没有浪费成百上千的钱，还逼着自己静下来想想自己到底在干些什么。我从来没有这样做过，即便失恋也没有这样过。

那个月，我没有买想要的东西。我清空购物车，关掉购物页面，什么都没买。但曾经的我会买，曾经一定会买。

时至今日，我和克里斯分手快六年了。我们之间的感情可以用短短几个词来形容：混乱、狂暴、有毒——精神上、言语上、肉体上都是如此。我们花了很长时间才发现这情况有多糟，我们的放纵无不充斥着爱与承诺。我们有时一连几周揭彼此的短儿，激烈地争吵，而后道歉，告诉对方我们多么爱彼此。我知道这不正常，也不可能长久。可每当我想要离开，克里斯总会央求我的原谅。他总发誓会变好，说他能在很多地方帮到我，他发誓会尽全力让一切好起来。我不知道我是否真的相信过他，可我想相信他。我想起我们之间的话，想起我们做过的计划，无论事情变得多糟，我们之间的化学反应依然还在。我宁愿相信他能让一切好起来，所以我原谅了他。若换作是我，他也会原谅我。我们能够原谅彼此，但几周后，我们会再大吵一架，我又想着离开，先前的一幕再次重演。

要戒酒，我尝试了十几次才成功，要结束这段恋情，我也做过不少尝试。终于，和克里斯分了手，我才有机会自己住在公寓里。我18岁从爸妈家搬了出来，可我不是和室友一起住，就是和男朋友一起住。我的公寓里摆满了二手家具（大都是免费的）和亲戚朋友送来的家居用品。强迫症逼着我把东西摆放整齐，把公寓收拾干净，然而除此之外，我并不在乎东西的样子，也不在乎它们从何而来，不在乎它们该不该被放在这里。

我曾经搬出来住是有原因的。和爸妈分开，获得些独立空间；节省些房租；找个合得来的室友。然而，和克里斯分手后，我得开始新的生活——过上没有克里斯的日子。我希望事情能和以前完全不同。我希望过上平和、安静、舒适的生活。我希望我的公寓能让我有家的感觉。所以我做了能让这儿变得平和、安静、舒适的事儿：购物。

我在第一家店里花了近一万元给客厅买了个崭新的绿色纤维软沙发。而后，又花了五千元，买了张黑色的咖啡桌、一个茶几、一个书架和一面镜子。我的书架里塞满了书和小饰品——在奢侈店尖叫着"买我，买我"的那类精美饰品。我还买来心爱的画悬挂起来，毫不在意别人对它们的看法。我给自己买了新的床品。我的床是我的避难所，是我晚上躲藏的地方。不出一周，我一下子花掉了两万元，然而这还没有结束。

为了搭配我的家具，我觉得现在正是换掉衣柜的好时机。过了几个月，我又花掉十万元买了辆崭新的汽车。我买车的理由刻骨铭心。我和克里斯恋爱不久，我从高中便开着的卓越汽车便报废了。要是修车，花费的钱要比我亲爱的1991年的白色现代卓越若克丝本身价值还多出不少。克里斯有辆卡车，他说我想什么时候开走就能什么时候开走。我相信他，决定不去修理若克丝，我和它说了再见，把它送去了汽车天堂（废物堆积场）。当然，不久我便发现，用克里斯的车是有条件的。我得给车加满油才能开。要想用车，我只能出去一两个小时。要想用车，我不能和男性朋友出去玩儿。若违反了这最后一条，我一到家，他便厉声斥责我，他似乎觉得斥责能让我坦白自己的罪过似的。所以，我终于恢复了单身，我需要买辆车。我需要辆可以随时开出去的车，需要辆没有任何附加条件的车。"车能带来自由"，我一遍一遍地告诉自己，告诉所有愿意倾听的人。我只想要自由。

　　我花了三个月的时间把生活理顺。我的公寓摆上了配套的家具，衣柜里挂满了全新的衣服，公寓外还有辆崭新的汽车。在外人眼里，一切都很完美——只消三个月就有了如此大的变化。我似乎终于自由了。可我没有自由，为了新生活，我花掉了十几万元，全部刷的信用卡。我负债累累，一连几年，我都得背负着这个包袱，仿佛永远也自由不了。

　　和安德鲁分手固然痛苦，却比不上 2008 年和克里斯分手带来的伤痛。和安德鲁的恋情不长，也不会混乱、狂暴、有毒。我们没有一连几个月摇摆不定，难下决心，不停折磨彼此，直到一方终于举起白旗说受够了。理论上讲，二者压根儿没法相提并论。但我依然很痛。我放下了戒备，供一个家伙随意选择。我让自己再次将约会当作一种选择。然后，它不再是安德鲁的选择了，这真的让我很痛。

我记不清克里斯伤我多深，因为那时，我可以麻痹自己。我不停地吃吃喝喝，好让自己感觉不到悲伤；我不停地买来买去，好让自己感觉不到空虚；我在新公寓里举办各种派对，把酒喝个精光，让自己感觉不到孤独。我没有任何感觉，因为我不能有任何感觉。只要皮肤有些许疼痛，我便立刻拿起电话，邀请朋友们来喝上一杯。我总是故技重演，所以问题依然没有解决，只是感觉不到罢了。和安德鲁分了手，我才发现问题所在。这一次，我不能再麻痹自己，我必须承受住每一丝的痛苦。

当我终于结束整整一个月的旅行回到家时，我也真的做到了。晚上，我蜷缩在床上，孤独让我的每一根骨头都在作痛。清晨，我像往常一样做事，我告诉自己事情很快便能恢复正常。我做了精简，扔掉了从未涂抹过的多余的化妆品，扔掉了上次清理过后买来的却从未穿过的衣服。我的屋子舒服了不少，我把东西搬来搬去，让它们更加实用。周末我和朋友们一起出去远足。我活得好好的，我没有用大吃大喝来麻痹自己，我没有喝酒来麻痹自己，我也没有去购物，因为这些都帮不上忙。这些先前没用的，这次也一样不会有任何效果。

　　我在博客上宣布，我挺过了前三个月的购物禁令，但这不是最值得庆贺的事儿。最值得庆贺的是，我不但感知到了这一切变化，而且还生活得更好了。

4

十月：成长与分离

戒酒时间：21 个月

收入存储比例：23%

扔掉的东西占比：50%

十月初，我拍了些公寓的照片。七月，我第一次着手精简公寓后也拍了些照片。我把这些照片粘在一起，看上去只有些细微的差别。我又扔掉了衣柜里的几件衣服，捐了几本书，挪动了一下家具的位置。不知是怎么回事儿，我的论坛炸开了锅，数不清的帖子上又覆盖了很多新的帖子，但内容看上去大同小异。少数人想看看我的公寓，问我极简生活是否奏效，为了满足他们，我在博客里分享了这些照片。这一帖带着粉丝们转了转我的公寓，可以看出，极简生活事实上很奏效。我的家不再杂乱无章，我的东西都有地儿可放，也摆得整整齐齐。我很开心能够分享我的生活，粉丝们也多半喜欢我的分享。不过，也有人不以为然。

说到博客，我一直遵循两个原则。原则一，如果有人肯花时间写评论，和我分享他们的生活，我也会花时间认真地回复他们。尽管我很少回复旧帖上的新评论，但新帖上的评论我一定会认真回复。我之所以这么做，不单是尊重别人的时间，也是因为自己喜欢在博客上和粉丝对话。我非常感激我们在这个世界上所能建立的每一缕联系。

原则二，博客无须民主，这是我在一次会议中听到的观点。博主有权，也应该在一定程度上掌控对话权。然而这并非要博主删掉质疑自己的评论。相反，有些质疑帖评论得非常到位，它们能够让你开阔视野，增长见识。不过这个原则的确需要你删掉网络引战党的评论，因为引战党的目的只有一个，就是在线找人争论一番。人如其名，引战党们窝在家里暗中观察，一旦找到愿意回复他们评论的博主，便立刻发起反击。不论你浏览我博客上的哪个帖子，没准儿都会觉得我是极少数幸运的博主，因为我的博客看上去没有受到引战党的骚扰。但事实并非如此。其实，我的博客上有不少引战党。我只是不会让他们的评论侵入我的地盘儿罢了。我之所以删掉引战党的评论，和布琳·布朗从来不看评论的理由如出一辙：这一点儿好处没有。然而，与布琳·布朗不同，我得一一去读，才知道该删掉哪条评论。

　　在我分享公寓照片的那周，引战党跑到我的博客，对我和我的公寓评论一番，观点不尽相同。其中有个人怀疑我摆拍，说我每拍一张照片，就故意把乱七八糟的东西藏了起来。另一个人认为我家死气沉沉，推断我一定毫无生气。引战党大都对我的小衣柜更感兴趣——他们发现我似乎没什么能穿出去约会的衣服。"不用说，你上个月一定被甩了。"一个人评论道。

　　即便戴上鱼眼镜头来观察我的公寓，也无法说服第一个人相信我的照片不是摆拍；即便耗费唇舌解释我的公寓从没比现在这样更像个家，也无法让第二个人体会到我的生气；即便一套套地换上约会装拍照，对第三个人也无济于事。引战党的评论很少会令我心烦意乱，然而这次却刺痛了我。毕竟我和安德鲁才刚刚分手，而且没过几天，一个朋友对我说了同样的话，让我更加难过。

　　那时，我和这个朋友认识时间不长。如果"好朋友"需要经常在一起，需要了解彼此内心最深处、最隐蔽的秘密的话，她根本算不上什么特别的好朋友。可我们的确很要好，所以我很难过。她看了我博客上的帖子和引战党在下面的评论，然后给我打电话，说她简直不敢相信，我的公寓竟如此干净整洁。"我真是吃了一惊！"她大声说，"你能把我家也精简一下吗？"我们分析了她公寓里最棘手的地方。铺满文书工作的桌子、打算去做却一直没有时间开始的项目书。她的鞋柜里满满当当都是鞋盒，上面还摆着不少鞋子。她在这些鞋上花了不少钱，如今一年到头都不会把它们拿出来穿上一次。还有衣柜，"衣柜里衣服多得要命，我都不知道该从何下手。"她说。我还没来得及哈哈大笑，没来得及给她些精简建议，甚至都没来得及反应一下，她便接着说话了。她的话既道出了她处理凌乱状况的底线，又试探了我的底线——"但是，我不想我的衣柜像你的那样。穿你的那些衣服，怎么能找到男朋友呢，姑娘？"

好吧，没错儿。其实并非她的话，也并非引战党的评论让我如此难过。我一直就是只喜欢穿那么几套衣服的人，可这不会影响我约会的能力，也不会让人觉得我无趣。反过来，和我约过会的男人也是一样，他们穿什么都行（我真心觉得都行，因为在我的一生中，我可记不住我的前任们都穿过些什么），完全不会影响我对他们的看法。然而朋友和引战党的话让我想起之前的不少经历。那时，我觉得自己必须表明立场，说出自己的观点，但我却没有开口。我想说："我不在乎你们穿什么，为什么你们要在乎我穿什么？"可我终究什么都没说。

24岁时，我打算不再吃肉，改吃素食，不过只坚持了四年便又开了荤。四年里，我不得不向共同进餐的人一一解释我的饮食状况。从大多数亲戚朋友的表现来看，我吃素让他们很不舒服——似乎我不把牛肉、猪肉、鸟肉或是鱼肉放进嘴里，就没法和他们一起吃饭。我知道，但凡去吃烧烤，一定会有人问我要不要在素汉堡里加些胡萝卜和豆沙，还有人会把一袋子生肉扔到我面前问："你不馋吗？"我总是一笑而过。可我一直想说："我不介意你们吃肉，你们为什么要介意我不吃肉？"但我也什么都没说。

我打算戒酒时的情况亦是如此。和吃素有所不同，这个想法显然易于接受。因为我的状况有目共睹，我比之前要快乐、健康得多——我的意志、身体和精神，方方面面都是如此。所以几乎没有人质疑我戒酒的事儿。然而总有几个人不能理解，他们的话让我特别难过："你喝酒的时候那么开心。"难道我现在很无聊吗？"真希望你今晚能来喝一杯，不过别勉强！"当然，完全不会勉强。"那意味着我们再也没法再醉着做爱了！"我前男朋友简短地补了一句，似乎醉着做爱感觉很好。每次参加派对，人们总会介绍我是"不喝酒的那个人"，然后递给我一杯香槟祝酒用，还提醒我说："抿一小口就行，不要紧！""你真的打算不喝酒了吗？"这是我最不喜欢回答的问题，其次便是我吃素那些年的问题："你不馋吗？"我当然馋了。一段 14 年的感情、一件用了 14 年的东西哪是说忘就忘得了的。"别再问了！"我总想冲他们大喊："我不介意你们喝酒，你们为什么要介意我不喝酒？"有时，我会做个"不"的口型，仅此而已。不过我多半不会这样，只会闭着嘴，什么都不说。

我开始实施购物禁令时，想得很天真。我怎么也没有预料到，我会再次陷入吃素和戒酒的困境当中。我以为购物与社交关系不大，不会难到需要翻山越岭。"人们为什么要在意我是否丢掉自己的东西？为什么要在意我会不会去买新的东西？这件事除了我自己，不会影响到任何人的生活。"噢，我真是太天真了！

除了那个嘲笑我小衣柜的朋友，另一个朋友不停地劝我放弃购物禁令，这样，我们就能一起去品牌折扣店了。我陪她参加过两次派对，而我似乎是那里唯一一个不喝酒的人。

我飞去多伦多工作，同事们问我购物禁令的情况，他们盯着我，就像我是个疯子一样。"幸好是你，我们可受不了。"他们这样说着。我从他们的办公桌旁走过，发现差不多每个人的电脑上都开着购物页面。几个朋友劝我买些我压根儿不会考虑的东西。他们说我"值得拥有"。"你工作那么努力！"他们说，"生命只有一次（YOLO）❶！"我讨厌这个老生常谈的缩写词：生命只有一次。我看到太多的朋友因为这个词刷起信用卡，欠下越来越多的债。我多么希望这个词能和"善待你自己"一起从城市字典里消失，永远不再被想起。没错，生命只有一次，应该好好享受。但若要打破预算，令自己负债累累就大可不必了。欠债一点儿都不好玩儿，没有什么缩写词能改变债务。我对此了如指掌。

这种时候，我绝不会对朋友发脾气。要是他们劝我一起去购物、花钱，我更加无法责备他们——很多人一生当中随时随地学会和表现出的行为不过如此。我的生活中，有的朋友会递给我一杯酒，怂恿我在外过夜；有的朋友要我试试大麻，说那样能保持更长时间的清醒；有的朋友开开心心逃了

---

❶ YOLO，"you only live once"的首字母缩写，意为"生命只有一次"。

健身课，打算和我分掉一个大大的比萨；现在，还有朋友劝我给自己买些东西。虽然这些时候我们吃掉喝掉的东西不尽相同，但情形却大同小异。我无法装作自己还和曾经一样。

我敢肯定，我一度怂恿朋友们违背原则，跟着我做坏事儿，虽然我对此印象不深，但也可能是不愿去想，就像不愿去想自己曾经的样子。但我知道自己那样做过。我之所以知道，是因为瘾君子都会那样做，我圈子里的那帮人也都会那样做。几年来，我交了几十个朋友——不过我把他们分了类。我有一起喝酒的朋友、一起吃垃圾食品的朋友、一起购物的朋友。要是和朋友约好在家吃外卖，我便很少再会邀请其他朋友来家里喝酒。偶尔，我会和同一帮朋友边喝酒边吃垃圾食品，那时，我很快把我的几个圈子合在一起了。我知道，无论在哪个圈子，我们都在互相影响，罪孽深重。

问题是，在朋友眼里，我是第一个要脱离圈子的人。23岁时，我戒掉了烈性毒品，25岁时，我戒掉了大麻。再见，毒品世界。永远不再相见。接着，我在27岁时戒了酒，把那个圈子抛在了身后。我不敢说自己一点儿垃圾食品都不吃，但是身体越健康，我越会注意吃进嘴里的东西。我终于不再大吃大喝，也不会邀请朋友来家里大吃大喝了。尽管我的三

个圈子毫不相关，可我脱离出来后，同样的评论如洪水般席
卷而来：先是开玩笑，接着罗列理由劝我回去，然后是美好
时光的回忆杀，甚至最后央求我回去。

我以为没人会在意我不去购物这件事儿，不过要是我的
朋友留言反驳我，我也不会生气，因为我了解实情，我也离
开过他们。我打破了购物圈里维系我们友谊的规则，我们再
也无法找到一起购物的快乐，无法一起聊聊买到的东西，无
法分享省钱的小窍门儿。一直以来我都知道，喝酒是我们文
化里根深蒂固的事儿，是任何场合的重要谈资，可我从来都
没有意识到，购物、花钱这种事儿比喝酒更重要，能够将我
们紧密地联系在一起。所以，要是朋友们认定我脱离了一项
热门话题，我也没有生气的理由。

渐渐地，我发现越来越多的朋友一副无法当着我的面谈
论购物的样子，就像你不能当着孩子的面说脏话一样。"不
好意思，凯特，我们要说的事儿你一定不感兴趣。"他们总
会先这么提一句，才和大家说自己的经历。我得捂上耳朵，
还是躲到墙角去？到了最后，几个朋友压根儿不再邀请我，
但凡需要花钱的聚会无一例外。他们似乎不太明白我这项实
验，以为我既然不能购物，那么也一定不能出去吃饭。他们

的自以为是，搞得我很伤心。他们让我觉得自己孤立无援，连对自己好点儿的权利都没有。这种感觉应该就和一个聪明的高中生想要好好学习考高分一样吧？我想找朋友们，告诉他们我的感受。我在尝试改变，可他们没必要改变什么。"我不介意你们购物，你们为什么要介意我不购物？"可我还是什么都没说，一直以来都是这样。我们本该多攒些钱，为什么还要怂恿彼此去花钱？

几年来，无数次的教训告诉我，只要丢掉生活中消极的东西，就会给积极的东西腾出空地方。放下和克里斯那段有毒的感情，我才发现，我其实可以回到大学，追寻我的梦想。离开公共部门的工作，我才发现，我可以靠写作为生。即便是放弃读了一半儿的无聊的书这种小事儿，也能让自己有更多的时间去读喜欢的书。从理解不了我的朋友身上节约些精力，才会有更多的精力与理解我的朋友们在一起。

当几段友谊渐渐淡去，我发现坚持购物禁令让我建立了新的、越发深厚的友谊。我和凯西去过波兰，我们每两周便会在一起聚聚。她是我为数不多的能在一起谈老本行的人（可以这么说），我们都在新开的理财公司工作，了解其中的艰辛。

她也是我见过的最乐观的人之一。她的精神有感染力，我需要正能量的感染。我们不是去温哥华吃早午饭，就是去穆迪港散步，我们的聚会常常在岩岬冰激凌店结束，因为我时不时也需要勺咸焦糖的感染。

坦尼亚是另一位用正能量感染我的人。她是我在穆迪港的第一个朋友。不论何时，只要我打算去徒步旅行，都会第一个给她打电话，因为我知道她一定会答应。穆迪港和匹特草原之间有几十条小路，每隔一周，我们便会花个周末挑其中一条穿行一番。我最喜欢跟着坦尼亚和她的小狗思达沿着班岑湖走上三个小时。我们不慌不忙，迈着缓慢的步子，有条不紊地聊着天。

然而，购物禁令这事儿，我第一个告诉了我的好朋友艾玛。我和艾玛第一次见面是在维多利亚，我俩是同一家杂货店的熟食店员。我们相差三岁：当时她17岁，而我马上就20岁了。我们蹩脚的幽默感和米黄上衣、黑色短裤的工作服一样呆板。我们一起工作了不过两年，然而从那时起，我们再也没有分开过。

艾玛是我第一个无话不谈的朋友。她是第一个得知我欠款状况的人；她是第一个收到我博客链接的人；她是第一个

得知我准备多运动、少喝酒，而且终于戒了酒的人。无论我身在哪里——在穆迪港生活，在多伦多工作，还是到各地旅游——艾玛一直以来都是第一个知道我消息的人，而我也是第一个知道她消息的人。

这些年来，我开始慢慢相信，世界上的朋友分两种：一种朋友会阻止你从酒吧带些陌生人回家；另一种朋友却在第二天一早同你喝着血腥玛丽庆祝昨晚的性爱冒险。一种朋友按时约你去健身房锻炼；另一种朋友却为你吃掉两个芝士汉堡、一份薯条、一杯奶昔而感到高兴。一种朋友不会让你把2000元白白砸在压根儿用不到的包包上，另一种朋友却会载你赶到最近的商场买下那款包包。我也相信，我们做决定前，会先想好和谁去诉说内心的纠结，因为我们往往选择的都是会帮助我们做出错误决定的那个人。我之所以第一个和艾玛诉说我的事，因为她无疑是那种能够帮人做出正确决定的朋友。

实施禁令的前几个月，每次我忍不住想去购物时，都会告诉艾玛。我的信息如下：

理智时："我一直想换掉现在的床上用品。"

狂躁时："救命！我只差点下鼠标就全都买了！拦着我！

啊啊啊！"

泄气时："糟透了，我干吗要这样！？！？！？！"

艾玛先是哈哈大笑。她是那种笑你却不会让你感到不舒服的人，因为你知道她并不是想对你评头论足。我们有时争得歇斯底里，聊着我的一些信息多么荒唐，尤其是我想打破禁令去买的东西多么不可理喻。这并非评头论足，而是严肃却很有趣的争论。我们笑够了，艾玛总有魔力让我继续信守诺言。她会这样说：

"这些东西必须买吗？你想不想把它们换成必需品？"

"宝贝儿，你状态不错！你昨天不需要这东西，今天也一定用不到。"

"你做得太好了！每次都有新主意！ TCB❶！"（这是我们的暗号：坚持。）

她为我加油助威，帮助我取得成功。我总觉得，我有能力迅速还清贷款，得益于我的读者，是他们帮助我信守诺言，我现在仍然这样认为。而艾玛则一直是我的终极守信伙伴。但我们做出的决定并非每个都完美无缺。我们认识的前十年

---

❶ TCB， "Take care of business" 的首字母缩写，坚持。

当中，偶尔也会不负责任，做些错误的决定。但我们从来不对彼此评头论足，因为一直以来我们都知道，我们很快便能回到正轨——如果时间长了些，我们还会帮助彼此纠正过来。

最后说说克莱尔。我和克莱尔是在个人理财博客上认识的。我在博客上写了自己还清消费贷款的经历，她在博客上写了自己还清学生贷款的经历。她文笔犀利，做文案当之无愧。她也是我唯一一个不喝酒的朋友。

成功戒酒前，我给一位笔名为"B"的女博主发过邮件，她博客上都是关于戒酒的帖子。我绝望至极，和 B 讲述了我的焦虑和不安。我向一个素不相识的人敞开了心扉。然而，她其实并不是什么素不相识的人。我点击"发送"发了邮件。几个小时后，我发现邮箱里多了一条简短而亲切的邮件。"宝贝儿，回复你之前，我得和你说实话。是我，克莱尔。我就是 B。"互联网施展了魔法——一连两次——一定要我们相遇，从那时起，我们成了朋友。她是我的清醒萨丽❶，我也是她的清醒萨丽。克莱尔爱我、支持我，就像她的红色头发一样热情。她一直在说，她是那种"死而后已"的朋友，说无论

---

❶ Sober Sally，表示值得信任的人。

我遇到什么困难，她都会在我左右。她的确是那样做的。两年后我们才第一次见面，那是在2014年10月，她结婚的前夜。

在网上交朋友，最好的一点，也是最糟的一点是，我们大都生活在不同的城市。这一次，克莱尔住在丹佛。我们之间1500英里的距离让我们无法聚在一起随便喝个咖啡，不过一接到她的婚礼邀请，我便立即回复了她：当然，我一定会去。我很荣幸能参加她的婚礼，我也很想见见我的这位网友。

我原本打算和安德鲁一起去参加她的婚礼，不过即便他不去，我也要把这次旅行挤进我的预算，我做到了。每个月除了存些退休金，我也会留出旅游的钱。在我20来岁这十年里，我不停地念叨着想多出去走走，却没钱可花。现如今，购物禁令让我攒够了钱。现在，我有钱买往返机票，有钱住旅馆、买食物，甚至还有钱租辆车，在丹佛待上整整四天。我兑换航空积分、购买打折机票还省了些钱，所以，我的钱足够用了。

这是我第二次到一英里高城❶来，不同于上次过来开会，我第一次有机会离开市中心，做些与会议无关的事。除了参

❶丹佛市的别名。

加婚礼，我还有件事儿要做：和我的朋友凯拉在山里待上一天。凯拉也有个人理财博客。2013 年，我们在圣路易斯开会时见的面，第一眼看到她，我就知道会和她成为朋友。这时候，凯拉和我是唯一两个在博客里既写金钱又写理性的人。她也是我唯一一个练习冥想的朋友，我可以和她聊聊我的奇思妙想。

早晨醒来，凯拉来旅馆接上我。我们用她带来的旅行杯喝咖啡、去莫里森买早餐，而后开车去了红石公园。在那儿，我才发现，待在海拔 2000 米左右的地方，你得比平时多喝一倍的水。走在露天剧场的台阶上，缺氧搞得我喘不过气来。站在两块儿巨石之间，我的视线变得有些模糊。太平洋与海岸山脉环绕着美国西北部地区，在从这里长大的人看来，红砂石可是不错的景观。我们一路走着去开车，拥有两亿五千年历史的岩层随处可见。红石剧场当之无愧是世界七大自然奇迹之一，我很高兴能来参观。

那天晚上，我开车带着克莱尔和即将成为她丈夫的德鲁去波尔得参加朋友们为他们举办的派对。她没有和大家说我不喝酒，只是把我称为她最好的网友。"凯特是个了不起的作家，你们一定得看看她的博客。"她高声喊叫，压过了音乐的声音，"她正在记录她为期一年的购物禁令——简直难以置信！"这样一来，我不但没有因为自己是唯一不喝酒的人而感到尴尬，反倒成了朋友中一个了不起的人物。

第二天的婚宴上，我见到了克莱尔和德鲁更多的朋友，包括另一位清醒的萨丽。我们跳啊跳啊，脚疼了才停下来。离别时，我和克莱尔说再见，简短而亲切，就像我们下周还会随便约个时间喝咖啡似的。我知道我们不会那么快再见面，不过我们一定还会再见。互联网一连两次施展了魔法——一定要我们相遇，成为朋友。购物禁令施展了魔法，让我们在生活中见上面。

5

十一月：失忆与苏醒

戒酒时间：22 个月

收入存储比例：30%

能够完成此项计划的信心指数：40%

写博客的几年里，我发现了一件事儿，留言的粉丝（除
了引战党）主要有两种：一种被你激励，支持着你所做的一
切；另一种赞同你的观点，却很快列举出自己做不到的种种
理由：爱人不愿戒酒并且继续在外吃饭和购物，孩子们不愿
捐掉自己的东西，自己每周要花很长时间做兼职赚钱，还得
收拾屋子、见朋友、参加活动等等。粉丝在小小的留言板里
写下自己的故事和难处，里面不乏隐私，不知道他们的爱人
知不知道这些事。如果他们当时心情很糟，还会在评论后打
出两个标点符号：冒号和左括号—— 一个代表难过的表情。

我从来没有，也永远不会和粉丝因为他们无法做到的理
由争个面红耳赤。我一直在说，个人理财是自己的事儿，对
一个人管用的方法不一定适用于另一个人，几乎无一例外。

粉丝提到他们的难处，其中一个也发生在我的身上，而且，我和它生活并较量了不知多少次了。

有人担心，猛地控制自己所有的欲望会过犹不及。操之过急最终反倒会放弃，旧病复发，甚至比不曾控制时变本加厉。毫无疑问，我开始写自己实施禁令的经历时，粉丝们大都这样质疑我，也正是因为这个，他们不会像我这样做。说句公道话，他们的担心是有道理的——要是你一直认为购物能够解决生活中的问题，便会更加担心。我想说的是，这样的担心远不止肤浅的"购物疗法"那么简单，要比花钱买快乐这种低俗的想法深刻得多。即便朋友以此来挖苦我，我也不会怀疑自己完成禁令的决心。反倒是自己想要放弃时，就会这样来劝自己——因为我真的想过放弃，甚至有一次，我破戒了。

七月，我想尽办法屏蔽今年的广告。几年前，我报停有线电视，将电视联网，这样一来，我只能看奈飞（Netflix）公司的电影，所以，电视上没有广告。可我还能在电脑和手机上看到它们。我管不了网站上的广告投放，但能控制下社交网站，所以，就从这儿入手了。我打开社交网站（脸书、推特和照片墙），浏览我关注过的账号，取关了所有商店。

我关注过书店、户外用品店、家居饰品店、百货商场。除了书店，我记不起自己当初为什么要关注这些账号。我有必要知道相框、行李箱、浴袍什么时候打折吗？它们有用吗？

我不知道该如何处理朋友们的店铺，例如我已经在用的天然护肤产品。我怎么能取关梅根的账号呢？取关会不会显得我不支持她的工作？岂不是不支持她了？事实再简单不过，这些问题的答案都是否定的。当然，我会支持朋友的产品和服务，我只是想让自己在接下来的一年里不被诱惑而已。

解决了社交网站，我着手处理收件箱，这里真是一团糟。好在有软件可以一下子把300多封推送信息选中，并在每封推送信息边上放一个大大的红色"取消订阅"按钮。几年来我关注了300多个账号：书店、户外用品店、家居饰品店、百货商场……取消订阅、取消订阅、取消订阅、取消订阅。不过我关注的航空公司和旅游公司会通知我机票折扣和限时抢票信息，所以我不知道该不该阻止它们发邮件给我。我今年可以花钱旅游。我报团时难道不想省钱？别忘了，我可是理财博主！我没法儿和粉丝说，我故意多花了不少钱。说得在理，不过我知道这种信息知道得越多，越会多花不少钱。没几分钟，我取消了所有的订阅——至少我以为是这样。不

知道怎么回事儿，尽管我想尽了方法，可还是有封邮件在黑色星期五溜进了我的收件箱。

像每个早晨一样，我冲澡、喝咖啡、看书、工作，一切有条不紊、安安静静。我没有去想凌乱的事儿，我也没像曾经一样忍不住买外带咖啡。直到我打开邮箱，看到我最喜欢的一家零售店发来的打折信息占满屏幕，才发现那天就是黑色星期五。买一送一，七五折购书按钮，六折购书按钮，五折至二五折蜡烛专区。大大的红色粗体字赫然摆在我面前。还没来得及把这封邮件移进垃圾邮箱，我发现有款电子阅读器降价三百元——从一千元降到了七百元。这太完美了，因为我上周打算在博客里送出一台电子阅读器，还没来得及买。仅此一次，我的拖延症居然让我尝到了甜头。

接着，我听到自己劝自己。

"电子阅读器从来没有这么便宜过。"

这声音我再熟悉不过，它让我就像接到多年不曾联系的朋友的电话一样兴奋不已。它立刻让我放松下来，放下防备，让这个声音进来。

"电子阅读器从来没有这么便宜过。你得买。"

我们认识，我是说，那声音和我。事实上，我们之间聊得比和任何其他人都要多。她对我了如指掌——教育我、刺激我、诱惑我，也折磨我。我始终相信她能帮我解决所有的问题。毕竟，我现在的电子阅读器坏了。我的确需要买一个，对吧？

"你得买。你已经很长时间没给自己买过东西了。"

她一直就是我的智囊团。无论何时我站在十字路口，不知该走哪一条路，她都会和我一起考虑。这一次，我们到了理财世界最出名的岔路口，只有一个问题需要考虑：你有钱吗？我知道答案，但我还在等她的意见。

"你得买。你已经很长时间没给自己买过东西了，而且你又有钱！"

我的眼睛睁得大大的，胸膛里有个小小的舞步似乎跑到了肩膀上。这种感觉就像我曾经拿起两瓶红酒，知道晚上又能嗨了一样——既兴奋又紧张，像打了肾上腺激素一般。我购物禁令的账户上有 5000 元。当然，我买得起！我准备好了，不去想什么后果，行动起来，跳一个晚上。可我不再是那个拿着两瓶红酒的女孩儿了，这样的感觉不禁让我停了下来。

她知道我犹豫了。

"再也不会有六折的时候了。"

听到这句就够了，她知道是这样。她知道是这样，因为我知道是这样。

我记不清接下来究竟发生了什么，不过我知道我下了单。我一定是把两台电子阅读器加入购物车，打开信用卡页面，填写收货地址，查看订单，然后点了"提交"。我知道会是这样，因为这动作重复过几百次了。就像每天早晨穿好衣服、梳好头发一样熟悉，再自然不过。可我不记得下过单。我不记得填过什么信息，点过什么按钮。接下来我只知道，我最喜欢的店铺又发来一封邮件——确认订单。我又失了忆，就那么几秒钟的时间，我破了戒。

❄

我知道接下来会发生什么。用不了多久，这个小小的错误会让我向后跌倒，回到老样子，因为这事儿对我来说再熟悉不过。就像有一次我控制饮食，把每天的热量控制在1200卡路里。我坚持了4天后，说服自己吃了一块儿黑巧克力。最终，这块儿黑巧克力变成了一整条黑巧克力。"开什么玩笑？我不能继续这愚蠢的节食了，为什么不现在就停止呢？"我跳上车，到杂货店买了一个速冻比萨和一块儿巧克力芝士蛋糕,这些才是我一直想吃的东西,而不是什么黑巧克力。"节食可真傻,"我告诉自己。"我再也不节食了。"我买了些真正能吃的东西回家,一下子消灭个精光。可我不记得自己一顿吃了这么多东西。一分钟前它们还待在杂货店的购物篮里,一分钟后我面前的咖啡桌上就只剩下两个盘子,还有盘子里的一把叉子和几粒碎屑。只有比萨盒、塑料杯和收据还能证明我几分钟前往肚子里装了些什么。

几年来,我忘记自己吃过什么的时候数不胜数。小时候,趁着大家晚上睡觉,我偷偷溜进厨房,从橱柜里偷拿一包曲奇带上床。我想着吃上一两块儿就行——仅此而已。可我还没反应过来,就在想办法把空饼干袋藏在垃圾桶底,盼着没人能发现我干的事儿了。即便是我自己翻垃圾桶,也看不到那个袋子,没准我也忘了自己干的事儿了。万圣节糖果最要命。要是我父母胆敢提前买糖果回家,我一定会把它们消灭掉,他们得赶正日子前再买不少。我一直都想不明白,我的朋友们11月中下旬带的午饭里为什么还能有万圣节糖果,我的糖果用不了几天就没了。我要是有糖,就会吃掉完事儿。

2012 年,我倒数第二次尝试戒酒,最后却出了差错,旧病复发。我一连 45 天没有喝酒,觉得可以适可而止了。我受够了，每次参加派对我都要告诉大家我不喝酒，还得想方设法组织语言解释原因，我受够了大家的反应。有天晚上，我起初只喝了两瓶啤酒，然而接下来，我觉得自己有义务在未来的六周里喝光目力所及的任何东西，好弥补我六周以来没有喝上的酒。我烂醉时，记不得自己喝了什么，也记不得自己做了什么。无所谓了。我受够了戒酒的日子。但凡挡路的东西都有被我消灭的风险。

所以，没错，我知道，用不了多久，一个小疏忽就会变成满盘皆输。我也知道，满盘皆输本身并不是最大的问题，最大的问题在于我是怎样给自己诠释满盘皆输的。我看着镜子中的自己，揉着肚子咒骂自己就这么胖着吧。"脂肪哪儿也不想去，所以你还费什么心呢？"有时一觉醒来，我狠狠地骂自己，看看身上这么多瘀伤——昨晚一定又是莽莽撞撞。"干得好，凯特。你一定又是一个狗啃屎摔在了别人面前，像火车事故现场一样。"有时，我一觉醒来，身上穿得整整齐齐，地上还扔着一个比萨盒，或是干脆不知道和什么东西躺在一起——显然我一晚上都在大吃大喝。这种时候，我会花一个上午把自己骂得狗血淋头。

最糟的可能是旧疾复发时，我发现自己昧着良心说话办事，比如不实话实说自己在哪、和谁在一起、在干什么。朋友们为什么还和我说话？我扪心自问。我真是差劲。我不仅内疚，而且对自己的行为感到羞耻。布琳·布朗在她第二期TED 演讲《聆听羞耻》中谈到内疚和羞耻的不同：内疚等同于"我做了错事儿"，而羞耻等同于"我很差劲"。我可是羞耻世界的永久居民。我告诉自己我很失败，我努力改变自己却成功不了，所以我应该接受现实，我应该继续失败下去。鼓励我努力改变的那个声音也会劝我回到老样子，然后再以此来羞辱我。可我太熟悉那个声音，我对她深信不疑。我相信她说的任何话，做她吩咐的任何事儿。事后，我忍受她的毒打，觉得是自己罪有应得。这就是我放纵自我而又自我憎恨的始末，也是其得以反复循环多年的原因所在。我对她深信不疑，因为她就是我。

然而现在，盯着收件箱里的确认邮件，我知道自己不想再做她了。我绝不会让这个小疏忽演变成满盘皆输。

我的失忆性购物已经持续了很长时间。也有人称它为冲动性购物，不过对我来说，它们的发生真的如失忆了一般。就像我不知不觉昏迷了 60 秒，醒来却记不起发生了什么，只看到有份收据摆在面前。奇怪的是，这次看到收件箱里的确认邮件，一个新的声音突然闯进我的脑袋。她和我之前听过的任何声音都不一样。虽然有些惊慌，她却十分欢欣鼓舞。

"你不用买新的电子阅读器！你现在的就很不错！虽然每次都要按重启按钮才能开机又怎么了？它很好用！你现在不用换新的。"

她又给了我些建议才停下来，我还从来没有听到过这样的建议："看看能不能取消订单！"

这是种前所未有的冲动——一种能帮我省钱而不乱花钱的冲动，一种能让我享受当下而不装作花钱可以买到幸福的冲动。我担心我做不到，因为这是我人生中第一次努力取消订单。一想到可能取消不了，我的心跳就快了一倍。可以取消，我真的取消了订单——至少，我取消了一个电子阅读器的订单，买下了答应在博客里送出的那一个。我高声叹了口气，我敢发誓，即便是透过水泥墙，邻居们也能听到我的叹气声。要是他们听到，一定会胡思乱想，却无论如何也猜不到我不过是没让自己把钱浪费在不需要的东西上而已。

能弥补犯下的错误让我有些沾沾自喜，不过我还是花了两周的时间来琢磨我有没有失败。有时，曾经的那个声音又回到我脑袋当中。她之所以回来无非一个目的，想尽办法羞辱我。她说得有些道理。我的确在短时间内破了戒，的确会有种失败的感觉。我已经五个来月没买过不需要的东西了。我现在为什么要劝自己破戒？我坚持禁令长达 162 天了。乱花钱的毛病岂不早好了？

我绝不会让羞耻进来，搞得自己一副失败的模样，让购物禁令功亏一篑。犯错不会让我一下子成了坏人。我一点都不坏，我做的事儿也不坏，我只是犯错了而已。我知道我不想满盘皆输，不想再回到自我憎恨的循环当中。这总会让我麻烦不断。而解决的办法只有一个，根除羞耻滋生的温床：秘而不宣。没人知道我劝自己做坏事儿时有多难过。我必须给这个错误发声的机会。我得开诚布公，向粉丝们坦诚我做过什么。

在题为《最难对付的坏习惯》的帖子中，我向粉丝们讲述了自己购买电子阅读器的经历，谈论了我从中获得的教训：我最糟的习惯是劝自己去买压根儿不该买的东西。不过更难的是，要学会控制自己，不要因为自己的坏习惯而羞辱自己。判断上出点小错儿不会让我变成坏人。人无完人，别对自己太苛刻。那个声音劝我不要去点"发表"按钮。"你真的要向全世界宣布你的失败、你的懦弱？"但这不是什么懦弱。事实上，我知道自己犯了错，知道自己不该那样去做，可我控制住了自己，我的进步可不小。这件事儿是个挑战，也是经验，让我知道了如何才能带着目标生活。我要做理性的消费者。我知道我不用买什么新的电子阅读器，买了的话实属头脑发热，毫无理性可言。

外部因素一直影响着我，广告永远也消失不了。我没法一辈子躲着购物中心和在线店铺。不管取关了多少账号，我还是能在社交网站上看到不少东西。朋友拍照时穿的衣服、用的野营装备，抑或是他们在博客里推荐的每季必读图书清单都可能会影响到我。人们喜欢评头论足，他们挖苦我，试图让我立足的小小意志力布满细缝。因为你一旦选择过非主流的生活，人们都会这样去评论。我躲不开议论，同样，我也躲不开花钱的诱惑。外部因素一直影响着我。但我可以改变自己对它们的态度——这种改变要从内心开始。

6

十二月：培养新习惯

戒酒时间：23 个月

收入存储比例：10%（又是整个月都在旅行）

扔掉的东西占比：54%

过了黑色星期五没几天，我登上另一架飞机，前往多伦多工作。

工作渐渐成了我的伤心事儿。两年多前，我第一次来到公司时，这里只有六个人。我们在首席执行官家的客厅里办公，第一天着实吓了我一跳。我辞掉政府的工作，横穿整个国家，就为了来别人家工作？用自己的电脑工作？不是在做梦吧？不过我很快平静了下来，我发现，在如此小规模的公司工作，意味着我能够亲眼见证自己的努力得到回报。在政府上班时，我要和缓慢的工作节奏对抗，我也明白，我估计永远也搞不清到底有谁会在乎我做了什么。在这儿，我们每天把一件件实实在在做完的事儿从计划表中划掉，而且每件事儿都十分重要。我们跟踪数据、分析资料，眼看着工作见了效。这感觉很美妙，很令人激动。

那时候，每一天都与众不同，我喜欢那种感觉。有时，我担任编辑，负责撰写内容策划、处理写作方案；有时，我制作信息图表副本，和自由平面设计师一起让它们更加生动有趣；有时，我策划大型项目，聘请许多自由作家，给他们分派任务，发布几百份内容作品。

不过，最难忘的当属我们职位互换的时候。要是行政经理不在办公室，我们还得自己跑去买办公用品和卫生纸。我们所有人都要接电话，帮助用户浏览网页，事后证明，这经历是一天当中最令人沮丧，却也最有趣的地方。赶上首席执行官迟到，没法按时开会，我们还要招待好已经赶来的客人。发现我们在别人家里办公，他们的反应真是有意思极了。不过我们不会不好意思，因为我们是标准的新公司的样子：在哪工作不是问题，做什么才最重要。

我离开多伦多，回到维多利亚的家里办公时，我们的团队还很小。除了办公室坐班的五个人，还有我们三个在家办公。到现在两年过去了，我们的队伍壮大到近20人——他们大都是最近六个月刚刚加入进来的。坐班的员工要比在家办公的多出不少，现在，我们当中有一个人在家办公，他们当中就会有四个人在公司坐班。我口中的"我们"指的是我和另外几个开发员。我觉得开发员不会介意被划分到少数几个不坐班的人当中,他们没准儿都不会注意到这事儿。他们习惯单独工作,我敢肯定,没人打扰,他们高兴还来不及呢。

另一方面,团队里的人越来越多,我却感觉和大家的关系越来越疏远。我认识的新人不多,距离让我很难和他们建立起真正的联系。我尽力给他们发送友好的邮件,向他们提问、组织会议,这样一来,我们就能深谈。但真的深谈之后我才发现,他们参加过的不少会议都没让我参加,他们离得近,便自己开了会。要是你探个身就能问问题、做出决定,为什么还要大老远找别人?我明白这个道理,但是被排除在这些决定之外,依然让我感到很难过——况且他们讨论的还是我的计划。

当然,还有其他的问题。这份工作远不及当初那么有成就感,想到还要写篇能上谷歌热搜的文章我就发怵。我也开始疏忽些小事儿,比如没有关注到我们六个核心人物的生活。我们曾经是一家人。以前的每一周,我们会把 50 个小时,甚至更长的时间花在只有沙发和壁炉的客厅里。不管那儿算不算办公室,我们都可以跷着二郎腿闲聊。到了 11 月,我们支起圣诞树，生上火，一边听圣诞音乐一边工作。这里像家一样温暖，我想念它。现在，大家在国王东街的办公室里工作，这是公司发展迈出的一大步，也是公司需要迈出的一大步。却与我无关。走进新办公室，白色墙面和家具令大家兴奋不已，可我每次过去，总有种硬闯进来的感觉，就像这儿没有我的立足之地一样。这次过来也没有任何改善，反而让事情变得更糟。

我这次是来参加公司的员工圣诞派对的。我们第一次开圣诞派对是在 2012 年，那时，我正沉浸在戒酒前最后六周的饮酒作乐当中。这意味着，当时我表现得并不好。据说那天晚上，我一连换了三套衣服，最后觉得还是穿裙子最好，就把牛仔裤扔在了酒吧里。好在我自始至终都是个快乐的酒鬼，所以我一觉醒来，看到同事们发来不少夸我的信息，说我那晚"可爱""开心""有意思"。我喝得不错，和大家相处也融洽。我很懊恼，记不清那晚到底发生了什么，但他们的信息证明我那晚表现得还不错。

2013 年，我飞回公司参加我们的第二次圣诞派对，那也是我戒酒后参加过的第一个派对。为了这次活动，我特意买了条蓝绿色的连衣裙和一双黑色漆皮高跟鞋。我在店里试穿时想着，这才是 28 岁老女人该有的派对装扮。可我到了派对才突然意识到，我是满屋子成年人当中唯一一个自以为成熟的人。他们喝酒、大笑、跌跌撞撞，但所有人看上去都很光鲜。我没有喝酒，而且穿着那身衣服，觉得一点儿都不像我自己。那一刻我才知道，我已经不再属于这里了。几乎整个派对时间，我都和几个朋友待在厨房里，越过他们的肩膀望去，即便没有我，大家还是那么开心，我不禁有些嫉妒。

不过，戒酒两年后，来参加第二个不喝酒的圣诞派对时，我感觉好多了。这一次，我兴奋不已，倒不是因为想到我是这里唯一不喝酒的人，而是因为能和大家待在一起，特别是我们六个核心人物能再次相聚。我想办法和新人聊天，却力不从心。没人会在第二天早晨给我发信息，说我可爱、开心、有意思了。不过，我努力过。聊天时，有几个人不止一次告诉我他们看过我的博客。有个新来的女孩儿甚至说她已经关注我的博客很多年了。她偷偷告诉我，她受到启发，已经实施了六个月的购物禁令。她告诉我她可以购买的物品清单，告诉我她在理财方面取得的进步。我们一起探讨之前把钱浪费在了什么地方，过上极简生活后又学到了什么。我们不得不大喊大叫才能压过音乐的声音，不过能和人聊聊这些真是好极了——尤其是在这几个月来，我觉得和大家疏远了不少的时候。

我们几个边走边聊，来到了吧台。一位公司股东正在招待大家。他身材高大、事业成功，为人也很随和，不过他掌握实权，我一直有点儿怕他。我是说，他能决定我的去留。他支付我薪水，决定我每年能否涨薪，甚至决定着我能否继续回到维多利亚工作。我敬重他。轮到我了，我走上前去，他问我需要点儿什么。"凯特早就不喝酒了！"一个同事大声嚷嚷着。我要了杯圣培露柠气泡果汁，我发现它就待在健怡可乐的后面。他似乎并不在意我喝不喝酒。他也不在意我点了什么。他伸手去拿马克杯，问我要不要加冰，仅此而已。

他不在意。可我在意。

有人当众宣布你不喝酒，就像你想埋在心底，却有人向全世界透露你最黑暗的秘密一样，让你软弱无力。也许，你只要在刚戒酒的人的额头上写句"我喝不了酒"，或是更简单的"垃圾箱"就能戏弄到他。在派对这种场合中，他们让你觉得你的意义不过就值一句话，让你变成整个办公室的笑柄。对了，没人会事先征得你的同意。不知道为什么，有的人当众宣布你戒酒就像他们宣布他们午饭吃了什么一样随意。他们也许没有发现，这两件事儿一件关乎选择，另一件则关乎生存策略。

真希望我可以说，两年过去了，我能够坦然面对自己不喝酒的事实，我可以一笑而过，或是机智地转移话题，可我做不到。同事的话伤了我的心，它提醒着我，我对她来说不过就是个奇闻逸事，是她茶余饭后的谈资。我再也不想让别人知道我不喝酒了。我不光是不喝酒的那个人，我身上还有更多的东西，难道不是吗？

那天晚上，我早早离开了派对。第二天一早，我醒来便急着赶去机场。我要回家。

一到温哥华，我从停车场取了车，便径直开去渡轮码头。我得花四个小时才能到家，我要在码头等很长时间，在渡轮上待 95 分钟，然后开 30 分钟车赶到父母家。因为时间太长，当地人大都害怕坐渡轮，但我从不介意。我常常坐在车里，看书、用笔记本看电影或是睡觉。我想我生命里至少有 50 个小时都睡在了维多利亚的渡轮上。

我打算在维多利亚度过 12 月剩余的这些时间。在这里，没有人质疑我不喝酒，没有人质疑我实施购物禁令，没有人质疑我给自己设定的任何挑战。他们支持我，为我人生的变化而高兴——尤其是我的家人。

我知道有人想象不出假期里跑到父母的小客房里待上两个礼拜是什么滋味。几年来，我住过朋友家，住过前男友家，我才发现像我们这么亲密的家庭并不多见。我们的关系很特别，小时候我不以为然，现在却十分珍惜。阿丽在维多利亚大学读书，每天回家来住；本在阿尔伯塔大学，过几天放假会回家住上两周。我们又能一起过节了，我觉得没有比这样来结束这一年更好的方式了。

我特别想知道在实施购物禁令的这年过圣诞会是个什么样子。从小到大，我并非格外虔诚，但是宗教却一直是我生活的一部分。小时候，我们三个都被送去教堂的日托中心。我爸爸的老家在英国，我妈妈和他刚认识时，我们还在圣公会教堂祈祷过一段时间。朋友们多半去我家北边街道上的基督教教堂祈祷，要是我前一晚在他们家过夜，星期天早上便会和他们一起去教堂。上高中的那几年，我和几个朋友每周四晚上还会去那家基督教堂参加青年小组聚会。

然而，我从来没有特别喜欢过哪种宗教。我觉得庆典和传统仪式的确很美，布道深刻、有意义，圣歌引得我想放声

高歌，好让所有人听到。但是没有任何一种宗教能同我的内心直接对话，让我心甘情愿地认同它。我无法替家人们承认什么，但我相信，他们大都和我想的一样，父母如何养育我们，宗教如何影响我们的生活，又如何影响不到我们的生活，可见一斑。所以在我们看来，圣诞节不是什么宗教节日。不过没错，圣诞节能收到礼物。噢，愿礼物长存。

我记忆中的第一个圣诞节是在我四岁那年。我妈妈和姨妈带着我从维多利亚飞去安大略省的温莎市看望外婆和一大家子亲戚。那时候，我没有兄弟姐妹，还是外婆膝下唯一的外孙女。我自然是被宠坏了。圣诞节早晨，我一睁眼，满屋子的礼物映入眼帘。

从那之后，我童年的圣诞节都过得大同小异，家里的孩子从一个成了三个后更是如此。礼物从圣诞树下冒出来，堆在咖啡桌和茶几上，有时甚至藏在客厅的角落里。我成长的十年当中，广告激增，信用卡盛行，消费主义肆意泛滥。人们想要大房子、想要好车、想要赶时髦，什么都想多来点儿，就连麦当娜也唱着我们生活在怎样的物质世界当中。所以圣诞节变成这个样子我一点也不奇怪，要是爸妈想让我们看到过节的意义不过如此，我也一点都不奇怪。相反，看到他们深陷其中无法自拔，我很难过。看着他们把辛辛苦苦赚来的钱花在我们根本用不到的东西上，我也很难过。他们竟毫无察觉——我们压根儿用不到那些东西。不管是春天还是夏天，我们总能在衣柜里翻出从 12 月 26 日起就堆在里面的衣服。

好在我们慢慢长大，客厅里塞满礼物的传统渐渐淡去。我妈妈终于放弃了花同样多的钱让我们在圣诞节早晨得到同样多的礼物的想法。我们只会开口要真正需要和想要的东西，这一天有没有礼物没有关系，能够和家人在一起才是最重要的。尽管根据购物禁令准则，我能够给大家买礼物，但禁令还是促使我们全家人讨论了一番。

实施购物禁令的前几个月里，我承认，我琢磨着圣诞节的时候要管爸妈要不少东西。当然啦，我需要新衣服，还想买几本书。然而，事实恰恰相反，我真正需要的东西只有一样：一双新鞋。妈妈问阿丽和本想要什么，他们的回答和我差不多。即便在上大学，他们也都觉得不需要什么东西。我们已经到了想要什么就能给自己买什么的年龄，觉得这样把现金和礼品卡换来换去很没意思。

一想到这儿，我和妈妈首先想到今年干脆不送礼物了。不过不是所有人都能立刻和我们想到一块儿去。特别是我外婆，她一想到不能给外孙子、外孙女送圣诞节礼物就很难过。她不想铺张，但还是想送我们礼物。送礼物是传统，她说。她说得没错。我人生的前 28 年都遵循着这个传统，自从她来到这个世界也一直遵循着这个传统。传统是家庭的根基，显示着我们的社会身份。要把它们彻底粉碎，就如同抹去所有功劳，让大家重新播种，重新来过一样。所以，这个想法一定会遇到阻力。

最后，我们妥协了。与以往每个人都把成百上千元砸在礼物上不同，我们收集了 5000 元为我们七个人买礼物（我们一家五口还有姨妈和外婆）。花掉这些钱的原则很简单：我们只能买真正需要的东西，而且每个人的预算不能超过 700 元。

这次购物很开心，我们不用急着在商场之间来回穿梭，不用花心思去猜别人可能会需要什么，一下子少了不少压力。圣诞节清晨，我们一觉醒来，发现客厅和昨天晚上几乎一模一样，只是圣诞树下多了几件礼物，圣诞袜里装了些东西。在这之前，我们每年都急急忙忙跑到客厅去拆礼物，然后忙活上一天。那天早晨，我们一家子一起做饭、一起吃饭，然后花了短短几分钟拆开礼物，相互拥抱、真心实

意地相互道谢。

之后，我们带上两只约克夏犬——茉莉和莱克西，开车去了柳树滩。那天的天气太适合散步了，温暖的阳光洒在身上，空气微凉，刚好能看到自己的哈气。"女孩儿们"——我们这样称呼它们——和另外几条狗在沙滩上跑来跑去，主人们待在一起互道节日快乐。阿丽摆放好照相机和三脚架，给我们拍了第一张全家福。强调一下，这是我们的第一张全家福。家里只有我和爸妈时，我们拍过全家福。阿丽出生后我们又多拍了几张。但是自从本出生，这么多年了，我们从来没有一起站在相机前，拍上一张照片。沙滩上拍的这些照片效果并不好。我们身后的光线太强，衬得我们的脸黑了不少。女孩儿们扭来扭去，想从爸爸的胳膊里挣脱出去。不知道怎么回事儿，拍摄的角度让阿丽看上去比我高了不少，而实际上，我要比她高出 12 厘米。但是这些照片记录下了我们一起度过的最美好的圣诞节，也记录下了我们在一起度过的最后一个圣诞节。

7

一月：改写规则

戒酒时间：24 个月

收入存储比例：56%

能够完成此项计划的信心指数：90%

　　我在新年来临的前一天回到穆迪港的公寓，邀请凯西来家里和我一起迎接新年。我们准备了几盘奶酪、饼干、蔬菜和甜点，坐在壁炉前喝着气泡水观看假日电影。我想我可以替凯西说，我们10点钟分开的时候非常开心，我们两个一定会在12点之前进入梦乡。这么多天来，这才是我盼着能在派对上体会到的感觉。

　　一月变得平淡无奇。我只计划了一次旅行：再去多伦多工作五天。这样一来，我不但能宅在家里，还能多攒下不少钱。我很满意实施购物禁令这半年来自己取得的成绩——平均每个月攒下了19%的工资。相比曾经每个月只能攒下的10%，甚至更少的工资（我得坦诚，以前通常都攒不了多少），我觉得非常开心。不过我知道我还能做得更好。每次去多伦多工作，我只会把钱花在食物和消遣上面——下班后我会和朋友们出去玩儿。一月中旬，人们下了班大都窝在家里，不想去水泥森林的大街上吹冷风。也就是说，这一次，我下班后的大把时间都会蜷缩在老室友的沙发上，和她的狗查理待在一起。我的心和钱包都做好了迎接这次旅行的准备。

一走进詹的公寓，此情此景我再熟悉不过。满屋子都是黑色的垃圾袋。一个挨着一个，又挨着另一个，它们靠在门厅的墙上，从门口一直延伸进客厅。楼梯顶上，更多的垃圾袋排到了卧室，其中还夹杂着不少塑料手提箱和纸箱。我不知道这些袋子和箱子里放着些什么，不过猜也猜个八九不离十：詹打算扔出这栋二层公寓的东西。她在做精简。

我和詹一起在维多利亚长大。我们父母的家只隔着几栋楼，自从我们家在我三年级时搬到那个社区，我俩就一起结伴上学。小时候，我们在彼此家过夜，还在晚上一起出去打过篮球。上了高中，我们的兴趣各异，很少在一起玩耍，大学时又和好如初，甚至比之前更加要好。2008 年，我刚刚和克里斯分手就来多伦多找她，我发现，这里才是我想长期居住的城市。2012 年，我来到这家新开的理财公司工作，詹邀请我住在她出租公寓的客房里。现在，只要我来多伦多，都会过来和她住在一起。詹的家就像我自己的家一样，与其说她是我的朋友，倒不如说她更像我的姐妹。

不过，直到我置身在一堆装着乱七八糟东西的袋子和箱子当中时，才观察起詹打算留下些什么，才开始了解她到底是什么样的人。她留下了自己画在相框里的油画，而这些相框都是她亲手打磨修整出来的。她还亲手装扮了桌子和餐具柜，把里面的抽屉垫上墙纸或是涂上了鲜亮的颜色。她打印照片、制作相册，记录下和朋友们度过的最美好的假期时光。她还有座粘着 12 个古董茶杯和茶托的大钟，每个小时，时针便会越过一个茶杯。她的黑板墙上不时会出现新的引言和简笔画。我怎么从来没有注意到詹这么有创意？她是多么才华横溢、独具匠心，也极具表现力！我们认识了 20 来年，甚至在一起住了 20 来年，我以前怎么从来没有注意过这些？

我带着这个想法回了家，琢磨着自己的一生怎么从来没有这么有创意过。这当然不是因为我的家族缺乏创造性、缺乏才华。我妈妈年轻时，吉他很少离手。她甚至还申请去大学学习音乐，虽然大学录取了她，但她最终决定放弃那个机会，搬到了多伦多生活，后来，她又搬去了温哥华，最后定居在了维多利亚。不过她一直随身带着吉他，人们常常能看到她抱着吉他弹奏一番。我还记得小时候听着她边弹边唱。
我妈妈喜欢摇滚，她不弹吉他的时候，就会去听空中铁匠、
枪炮与玫瑰、齐柏林飞艇、珍珠果酱、平克·弗洛伊德或是
悲呼组合的演唱。她不在家的时候，我偶尔会偷偷打开吉他
盒，拨弄下琴弦，体会下奏乐的感觉。

我妈妈是那种闲不住的人。我出生的时候，她和姨妈在
维多利亚的约翰逊下街租了家零售店，那里现在成了城里最
棒的嬉皮服装店之一。她们的店里有很多布料，还有她们自
己用这些布料设计制作的衣服。衣架上挂着各种各样的童装、
T恤、紧身裤和裙子。我姨妈会缝被子，她们还在店里卖她
缝的被子。在我看来，我妈妈似乎从来都没有长时间离开过
她的缝纫机。要是她在慈善店给我买不到衣服，就会给我做
一件儿出来——其中就包括一个孩子想要得到的最漂亮的万
圣节礼服。四岁的时候，她把我打扮成米妮老鼠，给我做了
全套的手套、鞋子、耳朵和蝴蝶结。八岁的时候，我成了热
播电影《阿拉丁神灯》里的金发茉莉公主。她似乎很擅长做
礼服，像给我做的那样，她也给阿丽做了不少礼服，其中就
包括花样滑冰裙和参加比赛的长裙。缝制长裙也成了她的买
卖，她很快成了花样滑冰俱乐部里最受追捧的长裙裁缝。

我爸爸也是一样，不过他的创造力更具建设性。我爸爸就是在我们长大的这栋房子里长大的，他妈妈退休搬到威尔士后，把这栋房子卖给了他和我妈妈。这里的每个房间都能看到他的手工作品。直到现在，地下室屋顶上褪了色的线条还依稀可见，从小时候起，他便帮着他爸爸拆墙，弄出个宽敞的空间。外婆从安大略省搬来和我们小住的时候，他把车库改装成了一间全功能厨房。他妈妈去世后，他又用继承来的遗产徒手建了间80平方米的车库。他削减了与房子相连的台阶的面积，然后最终把它完全拆除，在后院浇筑了一个新的水泥露台。我家的室外排水系统出了问题，他绕着房子挖了条沟，换了套新的上去。他还自己去灰，剪裁、粉刷、安装折叠板，自己换掉家里的窗户，自己给家里安了两个木质的炉子。我爸爸性子有点儿急。他一发现哪儿有问题，就立刻琢磨着要怎么修理，然后行动起来——完全按照建筑规范执行，甚至比规范做得还要精细。我们俩的区别在于，他真正能够解决问题。而我只会花钱，盼着有朝一日能解决问题，可有朝一日很少会出现。

当然，我爸妈还会一起发挥特长，让我家周围变得更有创意——我说的是我们拿到厨房的那些东西。我爸爸搭了几个和女皇床垫一样大小的花坛，我们在里面种了形状、颜色和大小各异的植物。有南瓜、西葫芦、黄瓜、土豆、胡萝卜、西红柿和绿叶菜。我还记得自己拿着剪刀急急忙忙跑到花坛，踩在土里剪韭黄当晚饭的样子。院子右侧种了一排果树。从后到前种着苹果树、梨树、李子树和三棵樱桃树——桃树和油桃树挤在最前面，紧挨着我们的房子。院子左侧还有几棵苹果树，这里的黑莓和罗甘莓都长到邻居家去了。春天的时候，我们周末忙着摘果子，再把它们装进罐子——小厨房里堆了不少东西，我们得挤来挤去才过得去。夏秋交替时，我们在家做黑莓酱（我现在还是最爱吃黑莓酱），我们把苹果和蓝莓烤好冻好，再做些黑莓派，准备了足够吃到圣诞节的食物。我爸爸负责擀皮儿，我妈妈负责做馅儿。他们一直团结协作。

　　我爸妈非常骄傲，他们能自己动手做所有的事情。为什么我做不到？为什么我不感兴趣，不能有点儿创意，不能继承他们的能力？为什么我不曾感激他们为我们所做的一切？这几个问题原本就很棘手，当阿丽告诉我，她觉得我爸妈正在闹离婚时，它们解决起来就更加刻不容缓。

　　我从来没有想到会有这么一天，可阿丽却告诉我："我觉得爸妈正在闹离婚。"

有的孩子知道早晚会有这么一天。他们从小看着父母吵架，家里一直紧张兮兮。有的孩子甚至知道情况很糟，盼着这一天快点儿到来。但我们不是在这样的家里长大的。要不是听到妹妹这样说，我无论如何也想不到会有这么一天。

她哭着给我打电话——泣不成声，我时不时要提醒她喘气。我求她冷静点，和我说说到底出了什么事儿，可她语无伦次。趁着喘气的空当，她说她没有证据，只是感觉爸妈要离婚了。她无意中听到几句奇怪的对话，房间里的种种迹象让她有了这种想法，但她没有证据。可她还是觉得爸妈要离婚。

我没法把她的话拼凑起来。12月时，妈妈问我二月能不能回维多利亚帮忙照顾家里的两条狗，她和爸爸打算去趟古巴。他们在选日子，还需要再看看爸爸的工作安排，不过很快能定下来。这是三周前的事儿，就在度过了我们最美好的圣诞节之后。短短几天，事情怎么会突然变成这样？不可能，一定是阿丽搞错了。

我让她随时向我汇报情况，告诉她什么时候给我打电话都行。她照做了，她是对的——情况似乎真的很糟。远在渡轮另一头，我能做的只能是常常给家人打个电话，看看能从他们那里知道些什么。妈妈第一次接到我的电话似乎非常高兴，之后却冷漠起来。爸爸一反常态，寡言少语。那个见什么都有话可说的男人突然之间什么都不想说了。我们的话题也从家常转到了天气上。

阿丽觉得爸妈的事儿都是她的错。她打电话问我，如果她能多帮家里干点儿活儿，多在学校考个好成绩，情况会不会好转。我再一次求她冷静下来，我告诉她，只要能让她舒服点儿，她想做什么都可以，但这事儿绝不是她的错。不管爸妈出了什么问题，都不是她的错。我不知道爸妈到底怎么了，但我知道他们的确是要离婚了。

我没有和阿丽提起我问自己的这些问题。这是老大的事儿，尤其是比弟弟妹妹大个十岁八岁的老大：你必须承担起你弟弟妹妹的问题，以及你自己的问题。他们来找你是有原因的。你不想收留他们，但是你想保护他们，让他们不再迷惑，不再痛苦，所以，你既要肩负起他们的问题，还要承担自己的问题。可是，没有人知道，其实你自己也很迷惑，也很痛苦，没有人知道，你是多么无助。

我不愿去想爸妈的问题是否与我有关——并不是说我完美无缺，或者爸妈没有因为我小时候的无知而吵过架，但我现在长大了。我们三个都长大了。我、阿丽和本都不会是问题所在。但是，我扪心自问，到底怎么做才能挽回他们的婚姻。即便做什么都无力回天，我也仍然会去试一下。我们一家人迷了路，我会想尽办法把大家拽回船上，驶去正确的方向。

这就是我在家中的作用。我爸爸一年中有半年都不在家，我从小便知道，我得随时准备撸起袖子帮忙。阿丽和本不用这样，他们只需刷刷碗、倒倒垃圾就行了。可我得照顾他们。我不是"孩子"——我是第三个家长。我一直觉得这样很好，也一直以为这样很好。可一想到父母就要分开，我立刻回到了现实。现实是，我也是他们的孩子，我不想让他们离婚。我希望我的家人能永远在一起。

我感到形势越难控制，就越是扪心自问：为什么我从来没有感谢过爸妈为我们做的一切？我为什么不让妈妈教我做针线活？一想到高中时，我让妈妈帮我——不对，是让她做——我的针线作业，我就懊悔不已。我为什么连看都没看一眼她是怎么做的？为什么没有表现出对她的爱好有些许兴趣？为什么都没觉得掌握一种技能可能会有用？我为什么没让爸爸教我怎么给汽车换油？我为什么连看都没看一眼他是怎么做的？为什么没有表现出对他的爱好有些许兴趣？为什

么都没觉得掌握一种技能可能会有用？我到底干了些什么？

我知道最后一题的答案，我去花钱了。我在数字革命的浪潮中长大，成了自己口中"拼趣一代"（这代人只想要新东西、搭配好的东西）的一分子，搬出去单住后，我有时不愿去学爸妈的技能，因为我知道我能花很少的钱买到想要的任何东西。与其亲力亲为，我更喜欢花钱买来的便利。不是所有的事情都是如此，爸妈的有些技能还是传给了我。几年来，我会做饭、会烘焙，会帮忙照顾阿丽、照顾本，会把屋子打扫得干干净净。可要是能在街边的廉价市场买到蔬菜，我为什么还要自己去种？要是花上几十元就能搞到 T 恤、背心，我为什么还要自己去缝几个小时？要是能买到不错的新家具，我为什么还要花费血汗自己去做？这么多年来，我一直这样劝自己。要是花钱就能办到的事儿，我通常都会刷信用卡。

更糟的是，我原以为花钱省了不少时间，后来却浪费了省下来的一分一秒。从十四五岁开始，我生活的中心便是电视。我知道每天会播放哪些我喜欢的节目，还做了观看时间表。周一、周四、周日晚上，我至少有两三个小时都耗在电视机前，其他什么都干不了，除非有人愿意来家里陪我。（周五、周六晚上没有时间表，注意到了吗？似乎电视台知道我这两天得出去参加派对一样。) 周二、周三晚上,我也喜欢待在家里,准时收看我喜欢的电视节目。

自从 DVD 上有了我最喜欢的电影,我越发迷恋电视。我原本就一集不落地看过它们,可那又怎样,我要从头再看一遍——我也的确这么做了,还看了不止一遍。那时,"刷剧"这个词儿流行开来,我就在刷剧。我待在地下室,窝在棕色皮沙发的角落里,时间长了,压得沙发都裂开了。最糟糕的是,我常常借口"太忙"而不去帮爸妈的忙,不去向他们学习,忙到没时间让爸妈教我他们的本事,忙到没时间和他们好好待在一起,忙到没时间留下美好的回忆。可我不会忙到没时间一遍又一遍地看《橘柑郡男孩》,看到里面的每句台词我都烂熟于心。

我知道这样做的人不止我一个——所谓"这样做"就是待在电视机前,编造"我忙得没时间干其他事"的借口。让人吃惊的是,这并非我这代人才有的事儿,电子产品占据了我们的生活,这样的事随处可见。大学时,我最喜欢学传媒与文化研究,撰写传播流的作业时,我才第一次顿悟。传媒提及的传播流是另一种表达编排的方式,是由一个节目自然而然过渡到另一个节目(包括两个节目之间的广告)的过程,以确保观众能继续关注同一个频道。前一个节目结束时的小高潮让你知道接下来会上演什么，只为了一个目的：阻止你换台。这把戏让我受用多年。

2011 年，我刷爆信用卡，却带给我不少好处，其中之一便是逼着我削减预算，所以我不得不报停了有线电视。我之前没有过这样的想法，本以为以后也不会这样去想。有线电视报停后，我有了时间完成学业，有了时间写博客，有了时间调整职业发展，有了时间兼职写作。这些还不够，我还有了时间和朋友们出去走走，有了时间和喜欢的人待在一起。我再也没有"太忙"过。我曾经所做的不过就是选择忙些什么。我把电视放在第一位，失去了和家人、朋友共度的美好时光。我再也不想失去任何一分钟，现在正是让爸妈教给我他们曾经想传授给我的本领的时候。

我知道那一天早晚会来。我知道，过上了极简生活，我的东西有时会破，有时会坏，我得换掉它们。终于，我第一件需要换掉的东西出现了，是我的睡裤——我唯一的一条睡裤。睡裤不知是碰到了哪里，沿着裤缝裂开了。我的第一反应是扔掉它。这条睡裤不值钱，是用廉价布料做的，是我从城里一家便宜的店里买回来的。我可以买新的。只要扔掉旧的，我就可以去买新的。这是规则，况且也花不了多少钱。

然而，我灵机一动，有了另外的主意，那便是向家里的女人们求助——妈妈、姨妈、外婆和阿丽。"我下个月回家的时候，你们能教我怎么缝衣服吗？"她们吃了一惊，却兴高采烈。"当然！"她们都这样回答。

从那开始，我的问题变得无休无止。"你怎么知道要用哪根线？要是做错了怎么办？你能把缝纫机借给我，让我带回穆迪港玩玩儿吗？我会不会弄坏它？一年当中什么时候种黄瓜最好？还有甘蓝、辣椒和西红柿？你说我在我那儿也弄个盆式菜园怎么样？我得弄多大的盆？我得准备什么样的土？我要买化肥吗？你们说我得花多少钱？我得什么时候采梅子做果酱？八月初、八月末还是晚些时候？做果酱需要多长时间？整个周末还是一天就行？梅子和糖按什么比例放？和我说说怎么施肥。你说我那儿要不要买个堆肥容器？里面满了我该怎么办？我那儿可没有堆肥清除系统。"我的问题一个接着一个。我就像个蹒跚学步的孩子，想知道这个世界到底是个什么样儿。

除了问爸妈，我还掉进了互联网的"兔子洞"，爬上来时，满脑子都是之前从来没有想过的问题。刚开始实施购物禁令时，我记录了自己如何信奉"极简主义"，如何学着用更少的东西来生活，我做到了。为了实现这点，我扔掉了家里 54% 的东西，只买几样必需品，控制自己不去买不需要的东西。这足够简约的了。我了解"极简"，我几乎看到了曙光。我知道，只要再坚持五个月，我就能到达终点。然而极简主义似乎出现了认同危机，我在寻找制作小菜园、减少浪费和自给自足的方法时惊讶地发现，文章中的"极简主义"一词只是与"简约生活"一词互换使用而已。我读过的文章无一不让我想起自己小时候的生活。我想起踩在土里的脚丫，想起铺满自制派的餐桌，想起塞满罐装水果的橱柜。我又想要它了，我又需要它了。

所以，我问了更多的问题，做了更多的研究，直到得出结论：要想过上简单的生活，我得修改一下购物禁令的规则。我需要买盆式菜园用品，这样我才能自己种些东西。我想得到制作蜡烛的配方，好给自己做些漂亮又实用的东西。我还想学学怎么制作洗发水、沐浴露这种清洁用品，不但要证明我做得到，还能减少化学品的使用。我在博客里写道：我要"提高要求"来挑战自己，这是事实。然而全部真相则是，我改变了规则，想要找回一些曾经生活过的样子。

购物禁令新规

允许购买的物品：

★ 食品

★ 洗漱用品（只有用完了才可以购买）

★ 送人的礼物

★ 购物清单上的必需品

★ 园艺用品

★ 用于制作清洁用品和洗衣液的材料

★ 蜡烛制作材料

不得购买的物品：

★ 外带咖啡

★ 衣服、鞋、配饰

★ 家居用品（蜡烛、装饰品、家具等）

★ 电子用品

★ 厨房用品（保鲜膜、锡纸等）

★ 清洁用品、洗衣液

8

二月：释放未来

戒酒时间：25 个月

收入存储比例：53%

扔掉的东西占比：60%

二月初，我独自一人去了纽约旅行。这是我第三次去纽约，也成了我最难忘的一段经历。说到旅游的地方，我发现纽约想怎么便宜就能怎么便宜，想怎么贵就能怎么贵。这一次，我用积分省了机票钱，睡在朋友香农家的沙发上而省掉住宿费。除了买咖啡、买食物和参观峭石之巅观景台时坐电梯的花销，我一分钱都没浪费。我不花钱，因为我不能购物。

这次旅行格外难忘，因为我的另外两个朋友也在这段时间到了纽约。利安娜住在英国伦敦，她和我一起撰写我的个人理财博客。一开始，我们两个博主在彼此的帖子下留言，而后我们成了朋友，在邮件里长谈阔论金钱、工作和感情。大卫也是加拿大人，我们认识不过一年而已。他的帖子清新、有洞察力，让我从不同的角度重新思考金钱、工作和生活。

旅行让我们三个在同一地方停留几天，这实属偶然。这就是纽约的魔力。

我和利安娜做了粉丝该做的事儿：站在洛克菲勒中心的瞭望台上拍摄太阳从城市上空缓缓落下的照片，而后坐在纽约中央火车站的地板上又拍了许多。我和大卫徒步走了相当长的路程，从东村走到西村，再沿着高线公园穿过切尔西，走回东村——一路上只停下来喝了三次咖啡。尽管正值史上最冷的二月，但我毫不在意。要不是我总得摘下手套看看手机，可能压根儿都注意不到这冷天气。

待在纽约的几天里，阿丽一直给我发信息，向我汇报家里的情况。从小我们就知道，要是有人不在家——特别是爸爸出海工作的时候——我们绝不能告诉他们家里不开心的事儿。他们出门在外，没法帮忙处理每天的琐事，告诉他们，只会给他们增加压力，让他们忧心忡忡。我始终觉得，离得远就应该这样。可现在不一样。阿丽无处倾诉，要是没人帮她分析爸妈和她说的话，她会非常不安，她得踏实下来。所以我没有阻止她联系我。相反，我每次将手从手套里抽出来回信息劝她，都会打字打到手指麻木。回到公寓，我知道我得亲自去维多利亚看看情况。

　　我到家的第一个晚上十分平静。我们聊了聊我的纽约之行，聊了聊我的工作。第二天也不错，依然平静，每个人看上去和平时没什么两样——做自己的事，做一直在做的事。早晨，爸妈一起坐在餐桌旁，妈妈准备上班的东西，爸爸在一旁读报纸。他们喝咖啡的喝咖啡，喝茶的喝茶，他们聊着天，甚至哈哈大笑。第三天早晨，前一天的情景再次出现，我开始怀疑阿丽到底在担心些什么。

　　那天下午，我待在餐厅工作，疯了似的在厨房的便笺纸上乱写乱画。用完一页，我翻开下一页时，发现便笺纸里夹着张对折的散页，上面还印着几行字，第一行写着："我们怎么分割财产？"

　　我屏住呼吸。一团雾气涌来，模糊了我的视线，一切都变了样子。

　　一字不落地读完这张纸，我终于知道了真相。爸妈正在闹离婚。我拿着它走出餐厅，穿过厨房，沿着走廊进了阿丽的房间。我关上门，颤巍巍地把纸递给了她。

　　她尖叫着，我们两个号啕大哭。阿丽一直都是对的，在她血液中流淌的每一盎司恐惧和疑虑都是对的。她的直觉是对的。是我错了。我不相信，因为我们两个月前刚刚过了最美好的圣诞节。我不相信，因为爸妈那天早晨还在餐桌旁哈哈大笑。我不相信，因为是我们，是我们一家人，我们一家人无话不谈。我们的座右铭一直都是"弗兰德一家没有秘密"。事实却是，我们家有个秘密，我们家最大的秘密就要浮出水面，我们现在不得不去面对它。

爸妈为什么离婚，离婚对他们、对弟弟妹妹的影响，我不想多说什么。这些与我的故事无关。但我得说说这事儿对我意味着什么。我发现了那张纸，又拿给阿丽看过之后，我们把它交给了爸妈，和他们好好谈了谈。我们都知道了这件事，也想知道每个人对这件事的看法——我们万万没有想到会是一张纸道出了真相——除了惊讶，我想不到任何词儿来形容自己的感受。

我开车去了特拉维斯和帕斯卡家陪他们的孩子玩儿，好分散一下注意力。可他们一上床睡觉，我就蜷缩在他们的沙发上哭了起来。我大声地问自己，接下来该怎么办，我们的房子怎么办。我的家人从 20 世纪 50 年代就住在这里，我从1994 年开始就一直住在这里。妈妈遇到爸爸前，我们的生活漂泊不定。在我人生的前七个年头，我跟着她辗转了七栋不同的房子。每升一个年级，我就得换一所学校——要是赶上我们搬家，有时上到一半就要重新换所学校。不过阿丽出生后我们就搬进了这栋房子，从那以后一直住在这里。我们偶尔会换下房间、挪挪家具，但我们从来没有离开过这里。我小学的最后几年都待在同一所学校，也只上过一所高中，还有了交往超过十个月的朋友。我们随时欢迎亲戚和朋友的到来，所以总会有人来看望我们。无论我搬到哪里或是去哪里玩儿，我知道这个世上有我的家。我们不能失去它。我不能失去它。

接着，我大声恳求能有个平稳的过渡，不至于伤到大家。我的思绪跳到将来，我担心父母孤独终老。我不想让他们分开，我真的真的不想看到他们孤苦伶仃的样子。狗怎么办？噢，天哪，还有狗。一想到老姑娘们要经历如此动荡的晚年我就伤心不已。它们的应变能力很差，一直都是如此。这事儿会给它们带来什么伤害？

一想到这事儿会影响弟弟妹妹，我就又抽泣了起来。我的一生都在照顾阿丽和本——尽我所能指导他们、保护他们，让他们不再困惑、不会受伤。我知道，我们的处理方法不尽相同，我只祈祷大家能够客观地看待这件事儿，不会为了选择爸爸还是妈妈而让这个家变得更加支离破碎。然而这次我无法指导他们。他们得学会自己划清界限、学会自己订立规则、学会自己控制感情。在这件事儿上，我保护不了他们。他们也保护不了我——况且保护我这件事儿压根儿就不是他们该做的。

剩下的眼泪是流给我自己的。我没想到会发生这种事儿。即便阿丽一直担心，又和我说了那么多，我还是没有做好接受这件事儿的准备。离婚根本就不应该发生在我们家。我真的没有做好准备。我现在也没有准备好去解决它——这一年来，我的生活和工作原本就已经满是变数、举步维艰了。经历了这么多，我始终相信我的家人会一直在我身边。我们的家、我的爸爸妈妈、我同母异父的弟弟妹妹、我的狗。他们对我来说都很重要，他们能待在一个屋檐下才好。要是他们再也不能待在一个屋檐下了怎么办？怎么能出这样的事儿？

回爸妈家的路上，我沿着麦拉海特一路向南开去——麦拉海特是一号高速的一处陡坡，它在山间蜿蜒，将维多利亚和温哥华岛上其他的地方分隔开来。我喘起粗气，汗水从脖子上滑落下来，我突然想停车脱掉衬衫。可我没法这么做。麦拉海特只有两条单行道，没有路肩可以停车。我的心跳加速，紧紧握着方向盘的手也渗出了汗。"呼吸，凯特琳。深吸气、深呼气。你就要到了。"还有7公里的时候，我一遍一遍地这样告诉自己。"深吸气、深呼气。你就要到了。你就要到了。"一驶出高速，我立刻停车跳下车，在人行道边蜷缩成一个球。感觉这里的冷气从沥青地面渗透到我的体内，我的呼吸慢慢放缓了下来。我拿出手机，给丹佛的克莱尔打了电话。"我爸妈要离婚了。"我轻声说，"我的急性焦虑症犯了。"

我已经不是第一次犯急性焦虑症了——也不是第一次在犯病时给克莱尔打电话求助。我前两次犯病发生在2004年：第一次发生在我上任新工作的第二天，另外一次则是在我第三天准备去上班的早晨。我觉得这足以说明这份工作不适合我，便再没有回去上班。我第三次犯病是在2013年，当时正坐在火车上，打算从圣路易斯赶往兰伯特—圣路易斯机场。上火车前，我忙到不分昼夜，有时在电脑前一坐就是15个小时。我休息了几天，和朋友们参加了一场博客会议，想到还要回去没日没夜地工作，我就怕得不行。火车上，那种似曾相识的可怕症状慢慢袭来。我喘着粗气，汗水从脖子上滑落下来，心跳加速。"呼吸，凯特琳。深吸气、深呼气。你就要到了。"

一到机场，我立刻跳上站台，扔掉背包给克莱尔打电话。我觉得这次犯病是要我别那么拼命工作，要我养成好习惯。

我不知道第一次为什么会给克莱尔打电话。我们之前从来没有通过电话，只是彼此发着邮件和信息。但是直觉告诉我，她就是我需要找的人。我两次给她打电话，她给了我相同的建议：把头放在膝盖之间来呼吸。深吸气、深呼气。她重复着这咒语，直到我恢复了呼吸。那一刻，我号啕大哭，她又不得不重新给我念起咒语。

这一次，等我终于平静下来，我睁开双眼，看了看周围的状况。我躺在边道窄窄的路肩上，车就停在我前面，我左边还有一排刚刚建起来的房子。这一次我知道自己为什么会给克莱尔打电话。不单因为她是支持我还清贷款的清醒的萨丽，更是因为她爸妈最近刚刚离了婚。同病相怜的姐妹。我躺在暗处，盯着头顶的路灯，听着克莱尔抛给我的问题，我不知道答案，我发现原来事情才刚刚开始。找到那张纸只不过是地图上的第一站而已。急性焦虑症提醒我，我还没有做好迎接它们的准备。

接下来的几天，爸爸妈妈想尽办法让一切看上去都很不错。

他们早晨一起坐在餐桌旁，我们晚上一起吃晚饭。我搞不清到底谁更努力——我们还是他们——可我们四个每次聊天，都会耍些小心思避而不谈那件事儿，只是唠唠家常而已。我们一起聊阿丽的学校，一起聊本的学校。"噢，糟了，本没在家，他还不知道离婚的事儿。我们不能聊本的事儿。要是聊本的事儿，我们就得聊离婚的事儿，然后探知他们打算什么时候告诉本。快，离这个话题远点儿。"接着，有人转移了话题。

时间就这样过去了，我们的小心思似乎取得些效果。朋友们问我情况怎么样，我会说："嗯，我们成功避开了那个话题，有种胜利的感觉。"能坐在一起吃饭是胜利。能聊聊新闻是胜利。真正的新闻就发生在我们家，却从来没有人提起，这就是最大的胜利。当然，这些胜利让人感觉很糟糕。我们家从来没有过秘密，我们之间无话不谈。我好想让他们告诉我，这事儿不过是个误会。但是，我每天早晨醒来，穿好衣服，还会去和他们继续耍这个小心思。不知道为什么，装作我们还像以前一样似乎要容易得多，哪怕坚持不了多久。

我最多只能再忍几天，就要离开维多利亚，让自己放松一下。一想到要丢下阿丽独自应对这些小把戏，我就很难过，我保证会经常回来。然而现在，我需要静一静。回到穆迪港，我潜心工作来分散自己的注意力。每天清晨，我早早起床、冲咖啡、处理邮件。我在邮件里保证要策划几个新项目，再找几位自由作家并提前做好博客工作周计划。可到了中午，我依然呆呆地坐在椅子上，盯着电脑屏幕不知所措。我发现那张纸时弥漫在爸妈家的那股浓雾跟着我回了家，搞得我眼前的一切都模糊不清。下午两点，我常常抱着电脑缩在沙发上，我对自己说，只有舒舒服服的，工作效率才会提高。下午四点，我下了线，真高兴我还做了点事儿。然后我吃了晚饭，钻进被窝。

我的床就是我的避难所。和克里斯分手多年后，我买了需要的各种床品，把床变成了我的圣所——逃避一天琐事的神圣之地。秋天，我终于用购物禁令账户里的钱换下了用了13 年的床垫。

我和艾玛把铺着干净被褥的新床称为棉花糖，躺在上面，意味着我们进入了棉花糖的状态。每天吃过晚饭，我就给她发下写着这几个字的信息。晚上七点，我洗完碗盘，进入了棉花糖的状态。有时，我盯着床头柜上的书，打算窝在棉花糖里好好看看，可总感觉烦躁不安。拿本书举在面前也让我烦躁不安。我干脆什么都不干，蜷缩在床上什么都不想。

一开始，艾玛说她嫉妒死我了，能把大把的时间耗在床上。我骄傲地宣布我的状态——这是我每天最大的成就。"我的事儿都搞定了！现在是棉花糖时间。"即便我们之间隔着一趟渡轮和 120 公里的距离，她也知道我在避难。每天，我爬上床的时间总会比之前早那么一点点。我的办公室和客厅太开阔了。我可不想待在那种地方。我想躲起来——躲着我的生活、躲着我的家人、躲着事实真相。我不想活在现实生活中，所以我躺在床上，蜷缩起来，假装一切都很不错。很快，我从七点上床改成了六点，又从六点上床改成了五点。艾玛很担心我。最后，我干脆在床上吃起晚饭，只在外面刷刷碗盘。没多久，我连碗盘也不刷了，吃完就把它们堆在床头柜的一摞书上。直到有一天，我打算放下咖啡杯开始工作，却找不到地方时，我第一次动了怒。

我心血来潮，怒气冲冲地在卧室和厨房之间来回穿梭，把碗盘一个个端出去，扔进洗涤池里。我把床品扒个精光，在洗衣机里塞满了亚麻床单和洗衣粉。我冲洗卫生间，把房间的边边角角都擦得干干净净。我的生活已经够乱的了。我可不想住在乱七八糟的地方，让生活变得更加不堪。

收拾完，我走进卧室，盯着里面的一摞书看。几个月前它们就在那儿了，我有时乱翻一通，把顺序搞乱了，却从来没有好好看过它们。每次看到它们，我都会为里面的文字和它们的作者感到惋惜，为自己不曾好好看书感到羞耻。我喜欢看书。我从小到大书不离手。即便出门旅游，我也至少会带上三本。可我再也不读书了。床头柜形同虚设——尽管每次看到它，我总会感到些内疚，可我过上乱七八糟的生活全靠了它。我再也没法内疚下去了，我把它们抱回书架，放在了它们该待的地方。

在我家里，每一本书都有自己的安身之所。书架上的书先按照题材——小说、回忆录、商业书籍、个人理财——而后再按照大小排列整齐。书与书之间有明显的空隙，我可以把书插回书架，让它看上去完整无缺。盯着一本本书，我突然发现，从第一次大精简开始，六个多月过去了，我还有几十本书没有读过。事实上，公寓里留着的不少东西我都没有动过。我可以按照房间不同把它们分分类，在博客上写个帖子，让粉丝们看看我的卧室、厨房、客厅、办公室、卫生间里都有些什么。可我能看到的东西不过两种：我用着的东西以及我希望理想中的我会用到的东西。

我希望理想中的我会用到的东西都是我曾经买来，盼着能让我的生活、能让我自己变得更加美好的东西。有聪明的我会读的书、专业的我会穿的衣服以及有创意的我会做的项目书，还有名著、黑色短裙、剪贴簿等。有段时间，我信用卡里的上千元都砸在了这些东西上——因为我告诉自己，买的这些东西我一定得到，它们不知道什么时候就能帮上忙。我不够优秀，但这些东西能让我变得更好。我愿意去读、去穿、去做任何事，只要它能让我成为理想中的自己。留着这些东西证明一切都有可能。有朝一日我会一一去做，有朝一日我会成为更加优秀的人。然而，有朝一日从未到来。

直到现在，我精简物品时仍会问自己两个问题：我最近用过它吗？我会很快用它吗？如果答案是肯定的，我就留着它。如果觉得它对我还有意义，我就留着它。朋友们问我如何能扔掉那么多东西，这个问题让我迷惑不解。我的确用不到曾经买过的 56% 的东西。扔掉又有何难？可我为理想中的自己留下的东西却不一样。一旦你看清自己无法忽视的东西，就会知道真相。我得承认，我永远也成不了会看那些书、会穿那种衣服、会做那类事儿的人。可要放手也着实不易。

我盯着这些书，问了自己一个从来没有考虑过答案的问题：你给谁买的这些东西——你自己，还是你想成为的人？

买这些东西之前，我一定问过自己这个问题。买所有东西之前，我一定问过自己这个问题。很多时候，我的答案都是给自己买的，不过至少有那么几十本书，我觉得适合更聪明的我来看。我走进卧室，看着里面的衣服问了同样的问题。每走进一个房间，我都收拾起几小包打算扔掉的东西。我得扔掉留给理想中的自己的东西，接受现在的自己。

整理好自己，我知道不得不舍弃一些比自己更重要的东西了：我的家庭。

悲伤阵阵袭来。我躺在温暖的被子里，掩饰着我的悲伤，回忆起我需要放开的点点滴滴：我们打算等到 2019 年，本大学毕业时一起去夏威夷旅行。我们全家一起出行不过两次：2004 年我们去了迪士尼乐园，2011 年我们去了墨西哥，而现在却成了我们仅有的两次家庭旅行。接着，我憧憬着未来：买栋房子，我和阿丽、本带着我们的孩子在里面玩耍，我们所有人都住在一起。但要是我们的孩子有两对不同的祖父母怎么办？我们要分着过生日、过节，分着庆祝圣诞吗？要是我们当中有人结婚，我们的婚礼怎么办？我们的父母会上去致辞吗？

我始终觉得父母离婚对小孩子的影响更大，但我发现，

年龄也只会改变这件事儿对你的影响方式而已。要是父母在你懵懂无知时便分开，你所知道的不过就是他们分开了而已。可你长大了（实际上还是半个家长），在一个充满爱的家庭里长大了，你爸妈要离婚就如同你自己要离婚一样痛苦。当你发现一切都结束了，你需要放开的东西还真是不少。

打扫完公寓，清理了更多的东西，我铺好床，又爬了上去。我待在那儿，为失去我熟悉的家痛苦不已——我们的传统、我们的规矩，还有只有我们五个人才知道的密语。以往的任何痛苦都无法与之相比。我的身体不痛。我的骨头不痛。和平时分手的感觉完全不同。甚至连家人离世都无法与之相比。这是整个幻想的破灭，我一直期盼我们会有的美好未来的破灭。

我一直以为爸妈会永远在一起。这个想法从来都没有动摇过。也从来没有任何蛛丝马迹让我觉得要为他们离婚的痛苦做好准备。我们栖身的岩石出现了结构变化，地面变得颤颤巍巍。我得放弃曾经信以为真的想法，接受新的现实。这并不容易，我知道一切才刚刚开始。我只得在床上待得更久一些，哭得更大声一些，不时重复着那句咒语。

深吸气，深呼气。

深吸气，深呼气。

9

三月：初见曙光

戒酒时间：26 个月

收入存储比例：34%

能够完成此项计划的信心指数：70%

　　真希望我能说，我就这样丢掉了痛苦：把它丢在了二月，丢在了它开始的地方。真希望我能说，我发现了家里人隐藏的秘密、犯了急性焦虑症，然后感到释然，把痛苦抛在了脑后。要是能把我人生中最糟的月份打包，在上面系个黑色蝴蝶结，把它寄得远远的再也回不来该有多好。当然，事情永远不会那样简单。我们更愿意相信，每个月都是人生中的独立章节，然而我的上个月延续到了现在，父母离婚这件事毁了我的章节。我常常失声痛哭，哽咽着说不清话，因为我难过得不知所措。我越过了利用悲伤来讨价还价的阶段。没什么可讨价还价的。我知道爸妈会坚持他们的决定，而我对此却束手无策。因而，我不知不觉地从愤怒变得萎靡不振。

　　我没有随便用萎靡不振这个词儿，我永远不会随便用这个词儿。没错儿，它是悲伤的五个阶段之一，可我知道它有多严重。从小到大，我亲眼看着一个亲戚被抑郁症折磨多年。我家里还有躁狂症和躁郁症患者。我永远不会将痛苦带来的悲伤与这种抑郁相提并论。它们不是一回事，甚至连一点关系都没有。可能正是因为我知道萎靡不振有多严重，我才花了将近两个月的时间来告诉别人我伤得有多深有多痛。

我下不了床——并不是因为床是我的避难所。穿着睡衣、不梳不洗地在被子里躺上几个礼拜可没那么美好，没那么平静。我只是找不到其他更好的地方来让我像个婴儿一样消磨半天的时光罢了。朋友们给我发信息、给我打电话、来看望我，我都不理不睬。"我干吗要告诉那么多人我的事儿？"我问自己。"我什么都不想说。请别再问我现在怎么样。"

我只跟艾玛和克莱尔说了我的事儿。和艾玛说，因为我知道，我可以对她畅所欲言，而她不会对我指指点点。和克莱尔说，因为我知道，她也打过同样的一场仗。我认识的人大多对疼痛很敏感，所以我们才想办法躲着它。我对艾玛和克莱尔说了实话，我没有逃避痛苦——我只是不想让全世界都知道我有多痛而已。

我越是对大家不理不睬，他们就越是发来更多的安慰信息。有不少普通的同情信息："一切都会好起来的！"有几条宗教信息——《圣经》里有关同情与力量的诗句以及佛教教诲人们学会放手、寻找幸福的箴言。一个朋友建议我试试冥想，于是我从手机里下载了冥想软件来指导自己。我只试了一次，独自一人和我的思想待在一起太糟了，没出三分钟我就关掉了它。当我再次尝试冥想时，已经是两年后了，我最终掌握了它。同时，我发现那款软件可以用来聆听雨声，真是棒极了。我在太平洋西北部长大，我一直觉得雨声能够让我平静下来。我觉得你们都该试试。我把手机放在床头柜上，打开软件放着雨声，我慢慢放松下来，几个礼拜以来，第一次睡了个好觉。也许雨就是我的信仰。

这些天来，最折磨人的想法并不是父母离婚这件事儿，也不是我爸妈，不是我家将来会怎样，而是喝酒。我没有购物，也没有想过去购物，但我的确想过喝酒。多少个晚上，我劝着自己去楼下的酒水店买瓶红酒拿上来。"我独自一人住着。没人会发现。"她又来了：那个声音——我自己的声音——劝我做些坏事儿。她劝得越来越卖力，我提醒自己，朋友们没人住在附近，况且我最近都没有搭理他们。说真的，没人会知道。要是我只戒了几个月的酒，很容易就会在这些想法面前投降。但我知道，以前遇到麻烦，没有酒我也挺过去了，这一次我也一定要这么做。生平第一次，我有了去匿名戒酒会的想法。

我不太了解匿名戒酒会，因为我从来没有去过那里。我唯一知道的聚会内容是我爸爸和另一个朋友告诉我的。这个朋友先我六个月开始戒酒。我爸爸仅仅在他戒酒的第一年去参加过会议，而后便觉得多去无益。他的想法是：不断地谈论自己的酗酒生活，总在这个圈子里转，怎么能走出来重新生活。而我的朋友虽然三年多滴酒不沾，却还会每周赶去参加聚会。我觉得他们的看法无所谓对错，只要他们认定了就好。

也许我至少可以忍着去一次。想想多少次我被贴上"不喝酒的人"的标签，被大家抛弃在外，我的生活中原本可以多几个不喝酒的朋友的。事实上，我的确需要多交几个不喝酒的朋友。但是匿名戒酒会似乎不太适合我。可能是因为它与宗教有关。我不相信任何教义，所以，酒会的指导原则和12个戒酒步骤让我很不舒服。我觉得它们的顺序很不错，只是里面的语言我完全不懂。记得读《宁静之祷》，我只看得懂两行："活在当下的每一天，享受当下的每一刻。"那里的语言大都存在性别歧视，也让我很不舒服。我敢肯定，我一定能找到更现代的匿名戒酒会，它们会欣然改写旧的步骤，尽管我不会主动要求它们那样去做。我算什么，一个从 1935 年起就开始帮助别人的规则，怎么会为了我而发生改变？

我和克莱尔聊了自己纠结的事儿，问她有没有参加过类似的聚会。她去过一次，她的感觉和我的如出一辙，觉得那里不太适合她。但她还是劝我去参加，我坚决地拒绝了，决心按照自己的想法去做事。我没有太多信仰，仅存的一点儿压在我肩上，鼓励我活在当下的每一天，享受当下的每一刻。

我现在想要喝酒和第一次戒了酒想要喝酒的感觉完全不同。喝酒不再是我的习惯，也不再是我每天都会做的事。我再也不会陷在盼酒、喝酒而后羞愧不已的死循环里了。我再也不会喝酒喝到失忆。我再也不用靠酗酒来渡过难关。我知道我并不想喝酒，也不想做任何影响我戒酒的事。我只是受够了这份痛苦。痛苦——心灵上的、肉体上的——让我精疲力竭。我不想起床，因为痛苦耗费了我所有的精力，我变得一无所有。从前，喝酒就像橡皮，可以擦掉我所有的痛苦，花钱也是一样，它似乎带我过上了更好的生活。但我现在既不喝酒也不购物，并且生活得更好。

但这并不是说，我不会在其他诱惑面前缴械投降。

人们给自己买东西，就会开心起来，而我给自己买食物才会感到舒服。所以我不拿酒瓶，干脆就拿比萨或巧克力，又或冰激凌。有些晚上，我甚至既拿比萨又拿巧克力以及冰激凌。我并非漫无目的——我知道我要咽下我的情绪。无论下订单还是去店里，我都会买些能让我咽下我情绪的东西。我不会每个晚上出去买食物，也不会一下子把它们都吃光。这和我曾经大吃大喝的样子完全不同。我不想无休止地吃奶酪，也不想陷入糖分昏迷。我只希望过几天就能舒服一下，而能在食物中寻找到慰藉似乎是最为健康的选择。

那些晚上，我会一边吃东西一边刷剧。床头柜上的那摞书似乎重到拿不起来，可打开奈飞电影却要容易得多——简直易如反掌。痛苦搞得我精疲力竭，我受够了脑袋中闪现出的各种想法。买了东西回家，我立刻窝在上次吃东西的地方，边吃边看电影，直到上床睡觉才停下来。

明知道对自己不好却依然我行我素自然是有原因的。一方面，我可以为自己辩解，我很脆弱，还没做好独自挺过难关的准备。另一方面，我生平第一次清楚地意识到自己正在做什么。在这之前，我从来没有吞着比萨、喝着红酒琢磨："我现在太痛苦了，吃吃喝喝能让我暂时忘却烦恼。"我只是吃着喝着变得烂醉如泥。直到戒了酒，能够真真切切地感受到每一分每一秒的痛楚，我才发现，这些年我到底为什么要往肚子里塞这么多东西。

现在完全不同了。我不会嚼都不嚼便把食物塞进肚子。我也不会藏着掖着。事实上，只要一时兴起，我就会给买来的垃圾食品拍照，发给艾玛。我告诉她，我决不会感到愧疚，我的确是这么想的。我再也没有感到过愧疚，再也没有羞辱过自己。我可不想掉回自我憎恨的循环里去。相反，这就像在检验另一种理论。宗教、箴言、冥想都不管用。我不想喝酒，也不想买什么东西。可我吃的东西当中，只要有80%都不错，难道还不算好吗？我难道就不能让自己舒服一下吗？

诚然，这并非我能想到的最好的主意。不过，我之所以告诉艾玛而不告诉别人，其实还有另外一个原因——她无疑是那种能够帮人做出正确决定的朋友。我知道她能容我放纵一下，当我打算回归正轨时，她也一定还会出现。一连几个月，她纵容我难过，她听着我诉苦，但我刚刚吃了几个礼拜的比萨、巧克力和冰激凌，她就开口劝我了。"你得吃好点儿，心情才会好，亲爱的。"我知道她是对的。这么吃的确不好，而且我也注意到了自己身体的变化。

每次吃了太多的白糖或是面粉，我就会迷糊一阵儿，瘫在床上。我感到浑身发冷，打着哆嗦裹起毯子。一觉醒来，我不知道自己怎么又损失掉一个小时，怎么会有种余醉未醒的感觉。我不是在打盹儿，也不是在补觉，不是困了休息一下。我的身体在替我说话，它告诉我，它受不了我塞进身体里的东西。我有患二型糖尿病的家人，我知道这是警报。要是我再不注意，我也可能患病——我可不想后半辈子都跟这种病打交道。

发现情况不妙，我在吃某种食物时便会做好记录，而后慢慢少吃些有害身体的东西。这算不上控制饮食。我花了一年的时间跟踪我吃掉的东西，计算它们的卡路里，这也是我能在2012年减掉十几千克的关键所在。我的确是在控制饮食，我再也不会那样做了，更不会为了控制饮食而控制饮食。这不是减肥餐。我可不想减肥，也不想身体能有什么变化。我只是想感觉好些罢了。我能做到的最健康的事似乎就是注意食物给我的感觉，然后少吃些让我不舒服的东西，多吃些让我精力充沛的东西。

我记录自己吃了些什么、如何少吃些对自己不好的东西时，和我打算还清贷款时的做法一模一样。我跟踪自己每天的花销，看看钱都花在了什么地方，只有这样，我才能知道自己对这些数字的感觉。我花这些钱高兴吗？我花钱买来的东西给我的人生加分了吗？如果答案是肯定的，我便把它留在预算当中。但要是我打算多还些钱，便会削减预算，把购物禁令账户上的钱转出去。我设定购物禁令，而后修改规则的过程也大同小异。我打算把钱花在能够给我人生加分的地方，比如旅游，但我需要削减其他地方的开销，学会少花钱、多存钱。我清点了自己的东西，决定只买些必需品，这样一来，就可以省下大把的钱——以及花与不花两可的钱。

所有的发现都能归于两个问题：要是不开心，我干吗还要做呢？我现在到底想要什么？想开开心心——或者至少让自己感觉好些。

❋

我的食物慰藉期只持续了短短几周便得到了控制，然而要戒掉电视瘾却多花了些时间——31 天，确切地说。起初用来打破夜晚宁静的背景声音迅速变成了无休无止的对话。我一直喜欢一个人住，但不是现在，现在的情况完全不同。

一个人住意味着你可以在自己的地盘上为所欲为，不用担心影响到其他人。一个人住意味着没人知道我一天都干了些什么。但我需要和人聊天，需要和人接触，这样才能汲取能量，我现在这种状况，要是屋里有个室友没准儿会大不一样。可我没有，我只得打开奈飞电影，让最喜欢的电影的声音来陪伴我。

这是从晚上开始的。两年前，我开始在家办公时就答应自己决不能分心，其中便包括不看电视。我信守诺言，只在晚上偶尔看下电视。可那团迷雾走进了我的生活，跟着我回了家，从那之后，我只要一关上电脑便立刻打开电视机。一分钟的寂静也会令我痛苦不堪，所以我开着电视，一直看到睡觉才关掉。到了最后，就连躺在床上的那份宁静也让我忍无可忍，我把笔记本搬到卧室，整个晚上都播放电影。有时，我两三点钟醒来，会迷迷糊糊地关掉它。不过奈飞常常是我一觉醒来在电脑屏幕上看到的第一个页面，于是我便点击播放，让电影的声音陪着我冲咖啡，为新的一天做准备。

我并不是故意这样做的。这一切完全是在不知不觉中发生的——为了逃避不愿面对的痛苦。我甚至没有注意自己在看些什么。我压根儿没有看它们。演员的声音只是陪着我而已。尽管如此，我仍然播放完了一部剧的七个季和另一部剧的九个季。250 多个小时的剧集——10.4 天，一年的 2.9%。我知道我得做点儿什么。从早到晚都播着电影，让我白天很难集中注意力，晚上也没心情写博客和其他的东西，夜里更是睡不着觉。宁静的确让我很难过，但这声音必须得停下来。

我决定用老方法来解决这个问题：挑战自己，摆脱持续了一段时间的习惯——这次的禁令持续了 31 天。不出所料，电视禁令一出，我经历了一系列的生理反应，和实施购物禁令、外带咖啡禁令时的情况一模一样。第一天，熟悉的痛苦袭来，我坐下来吃晚饭的时候、晚上蜷缩到床上的时候真想看一眼电视。第二天和第三天也是一样。这些习惯成了我生活中的一部分，我现在得把它们替换下来。我调整了禁令规则，痛苦难忍的时候可以看看 TED 演讲。我开始听播客、听有声小说，不知道多长时间以来，我不断告诉自己"我没时间听这些东西"。其实我当然有时间，我不过是把时间花在了其他的事情上而已。我始终搞不明白，我们为什么想都不想便推开自己真正喜欢的东西，去做些不费力气的事儿。直到我问自己现在到底想要些什么——想更开心——我才不再找借口，才腾出更多的时间来看书。

一个月里，我看完了五本书，听完了数不清的播客节目。我还写了六篇帖子，和朋友们开了不少会议，他们给了我很多点子，让我的博客更贴近生活。为了更好地实施购物禁令新规，我开始搜集零垃圾运动的资料，琢磨如何慢慢减少自己制造的垃圾。我走到户外，一个人散步，或者和朋友们到处走走。我和我敬仰的女性进行了两次辅导，我还和更多的朋友通了电话、视频聊天。大卫是和我一起在纽约旅游的那个朋友，他和我说起了感觉剥夺实验❶，于是，通过感觉剥夺水箱，我测试了自己处理 90 分钟的平静和安静的能力，结果感觉不错。我爬下床，又活了过来，这感觉真不错。

这并不是说，禁令取得了全面胜利。那个月我看了十几个小时的电视，又改了下规则，让自己看了两部纪录片。当然，集中注意力、睡个好觉也解决不了我所有的问题。但我不再

---

❶1954 年，加拿大麦克吉尔大学的心理学家首先进行了"感觉剥夺"实验：实验中给被试者戴上半透明的护目镜，使其难以产生视觉；用空气调节器发出的单调声音限制其听觉；手臂戴上纸筒套袖和手套，腿脚用夹板固定，限制其触觉。被试者单独待在实验室里，几小时后开始感到恐慌，进而产生幻觉……在实验室连续待了三四天后，被试者会产生许多病理心理现象：出现错觉幻觉；注意力涣散，思维迟钝；紧张、焦虑、恐惧等，实验后需数日方能恢复正常。这个实验（当然这种非人道的实验现在已经被禁止了）表明：大脑的发育和人的成长成熟是建立在与外界环境广泛接触的基础之上的。

为了逃避烦人的寂静而不知不觉看那么久电视了。我是故意这样做的。我知道自己到底想看什么节目，便挤出时间来看它们。那个月快结束的时候，我知道这才是我想一直过下去的生活。我还知道，我得重新划定界限，让自己可以在工作后看一会儿电视，睡觉时关上便好。我能忍受沉默。我所不能忍受的是把我生命中的几个小时、几天、几周都浪费在无关紧要的事情上。

我越来越注意自己在吃些什么、自己在想些什么，这才发现，我更加留意自己的花销，尤其是买必需品的花销。我一开始列必需品清单时就在想，有了它，事情会不会变得易如反掌？有了这一年的必需品清单，不能买东西的计划是不是就不攻自破了？我也担心，一旦能买东西，我会忍不住去买清单上没有的东西。我万万没有想到，事实却恰恰相反，清单让我做出了更加明智的消费选择。

举个例子，我这一年只能买一件运动衫，所以它必须是最好的。不一定是最大牌的，不一定是最贵的，也不一定是质量最好的，但一定是最适合我的。它得合身、得舒服、得让我能天天穿在身上，在我小小的新衣橱里，所有的衣服都

是这样——我几乎天天穿着它们。我试过符合自己穿衣风格
的运动衫，但都不大合身；我试过几件看似合身的运动衫，
可不是臀部太紧就是胸部太过宽松（凡是屁股大却没什么胸
的人都有这个烦恼）；我试过绿色运动衫、蓝色运动衫、黑
色运动衫和灰色运动衫，这些都是我常买的颜色，但我却不
满意。最终，一件绛紫色的开衫符合我所有的需求。它是第
一件我觉得自己会一直穿着的衣服，它是第一件我觉得值得
花些钱的衣服。我花了九个月的时间才找到它。买下它这个
决定绝无冲动可言。

和买运动衫如出一辙，我还选了件适合参加不同婚礼的
礼服、一条健身穿的长裤和一双天冷时穿的靴子。因为每种
只能买一件，选择的过程就变得异常艰难——但却有意义得
多。我想起几个月前丢掉的四个黑色垃圾袋，里面塞满了我
的衣服，我想起穿着那些衣服有多难受。我可不想把钱浪费
在遮不住肉的衣服上，不想把钱浪费在勒着肉的衣服上，不
想把钱浪费在不像我穿衣风格的衣服上。我想舒舒服服地穿
我的衣服、花我的钱。

事实证明，购物清单就像我整场实验的保单。上面有几
样必需品，还可以根据需要换新——今年春天，我有两样东

西终于坏了，我不得不买新的。我的手机常常自动关机，它最后一次关了机就再也打不开了。我过不了没有手机的生活，我得出去买一个。我没有选新款手机，也没有选最昂贵的手机。我之所以决定买个手机，并不是新品发布会、广告和促销搞的鬼。我买了自己需要的东西，买了自己买得起的东西。接着，我唯一的一条牛仔裤从大腿内侧裂开了。我用新学来的缝纫技术修补了它，可过了七天我就明白，包在大腿上的牛仔布破了洞，是没办法补好的——至少看上去不太好。我缝上的两个补丁也裂开了，我果断出去买了条新裤子。

我渐渐发现，我以前从来没有这样买过东西。我从来没有觉得真正需要过什么，因为我总是在买东西以备不时之需。举个例子，虽然家里还有沐浴露，我依然会用优惠券买上两瓶，想着早晚会用到。看到喜欢的衬衫，一下子买上四件不同颜色的，想着万一以后再也找不到这么合适的衣服怎么办。我劝自己这些东西不会再打折的，所以应该趁着便宜赶快下手。商家的广告和营销让我觉得所有的东西都机不可失，时不再来。我从来没有等到真正需要时才去买，但是，只有生活中缺少些东西时，我们才会发现自己真正需要的是什么。

—— 10 ——

四月：策划出路

戒酒时间：27 个月

收入存储比例：38%

扔掉的东西占比：65%

　　一切按部就班地进行着，直觉却告诉我，我需要做好迎接更多变化的准备。2011 年我眼看就要刷爆信用卡时，直觉也是这样告诉我的。我咽下最后一滴酒时，也是这个直觉告诉我，我不能再喝下去了。这一次，直觉让我多存些钱，准备好应急资金。未来不知道会发生些什么，我需要应急资金。

　　一开始，我不知道该如何准备应急资金。自从 2013 年还清了贷款，我手头有了些闲钱。我的支票账户上一直有3500~7000 元应急的钱，还有了 14000~20000 元的存款，其余的钱直接进了养老账户。总的来说，我觉得自己管理得不错，对自己的理财状况十分满意。现在，我知道未来的确充满变数。我不知道还有什么地方需要花钱，但我不会和直觉去争些什么。

我至少和十几个朋友讨论过这件事儿，问他们是否有过同样的想法，想知道这样的想法对他们有什么意义。几个朋友的确想过，他们遇到过难处，比如离婚、亲人离世、裁员，所以想多攒些钱。现实将他们面前的路连根拔起，逼着他们另谋生路。爸妈离婚自然是毁了我们一家面前的路，但不会影响我攒钱。世事无常，多存些钱总不会错。

我的工作也遇到了难处。圣诞派对结束后，我觉得和同事之间的关系又疏远了不少。我了解我的职责，我兢兢业业地工作。但公司迅速壮大，我们的工作职责越来越细化，我被分去做自己不喜欢的事儿——有悖于我道德观、价值观的事儿。我在会上讲话，可只要观点不利于市场营销、不利于搜索引擎优化，就会立刻被叫停。我的意见变得无关紧要——可它本该很重要才对。每个人的意见都应该很重要才对。我们六个核心人物还在家里办公的时候就是这样，我非常喜欢这一点，我们会交换职责，每个人的工作都很重要。

我进入了职业倦怠期，即便如此也无法让我舒服一些。在外人看来，能待在家工作上两年就像一场梦，然而其中却不乏艰辛和无法言说的痛楚。首先，我花了足足两年的时间来养成良好的生活习惯。2013 年，我在圣路易斯犯了急性焦虑症，我意识到，我需要减少工作量，好好照顾自己。但公司要发展，我的工作就不能停。我坚持按时起床、冲咖啡、午休，工作量依然很大。

人们没有发现的另外一个问题是，有机会在家办公往往让人心生愧疚。同事们无法面对面见到你，你会觉得有必要随时在线来证明你的确在工作。作为领导，情况就更糟了，这意味着你每天常常有 10 到 12 个小时都挂在网上。

坦诚地说，这是我和朋友们在新开的公司里工作时遇到的最大的问题之一。无论是在家还是在办公室里工作，大家都心知肚明，你得像首席执行官一样卖力——也就是说，你得加班工作，你得放弃私生活，只为了看到公司的成功。有的公司会慷慨地补偿员工的辛勤付出，但多数都做不到这点。事实上，我知道那么几家公司，它们利用员工想得到其他"福利"的心理——食物、酒水、游戏室、瑜伽室、体育馆门票、自由过境的机会——来压低工资，有时低到不足以支撑员工的正常生活。员工们隐忍着，用自己的时间和精力来做着交换，他们觉得能在一家特别的公司工作、能得到一种经验也是值得的。

我工作的这家新公司给了我合理的补偿，但我还是进入

了职业倦怠期。我不想承认，但是我的确精疲力竭，工作让我心烦意乱，与同事的沟通让我心灰意冷，每当谈起我的担忧，总会被冷漠伤得失望透顶。我受够了，我不想每个礼拜工作五六十个小时却换来这样的结果。

起初我并没有注意到自己不开心，直到那个阳光明媚的四月下午，我向电脑屏幕竖起中指，大声咒骂，哭了起来。一连几周，我不断重复着这些动作：向电脑屏幕竖起中指，大声咒骂，就是这样。哭是最近才有的事儿。爸妈的离婚让我清醒了不少，这没准儿是个原因。但我知道，我的忍耐到了极限，继续待下去只会利少弊多。我想要的快乐终于压过了我对老板的忠诚，压过了我想拿稳定工资的愿望。我要辞职。

即便那时，我也没有想好接下来要做些什么。三年前，我万万没有想到自己会走上这条路。我从小就喜欢写作，但自从高中毕业，我觉得还是要做些靠谱的事——找份稳定的工作，挣份体面的收入。我可以当会计，我琢磨着。高中时，我通过了两门会计考试，所以我当会计准没错。然而在当地的大学学了一学期商务课程后，我发现自己并不适合做会计。我只对营销学一门课程感兴趣，所以我放弃了商务专业，转而学习通信。

学习通信那会儿，我还在省政府实习。我做了三个月的初级通信官。我为内阁大臣撰写媒体稿、新闻稿和演讲稿。这正是我喜欢这份工作的原因——也就是说，我得花时间做调查、写稿子。居然有人花钱雇我写东西！值得一提的是，大臣们还会读我为他们撰写的稿子。然而即便写稿子能挣钱，我也忘不了它令我反感的地方：工作时间长（早晨 6 点开始上班）、加班加点（下午 6 点才能走）、内容问题（枯燥乏味）。不过毕业后，我认为这份工作值得长期做下去，是我该走的职业之路：我 20 来岁是初级通信官，30 来岁是通信官，40 来岁是通信总监，退休前是通信主任。在维多利亚这种政府城市长大，早一步投身其中就像事业中了头奖。我工作 35 年，就能拿着养老金退休，像我爸妈一样。就这么干了。

当然，生活往往不会按部就班，后来我发现，有时这也不见得是什么坏事。要是生活按部就班，我职业生涯的前五年就不会花在教育出版行业上，也不会认识那么多才华横溢的老师，不能和他们在一起工作，没法把教学设计搞得清清楚楚。我也不会在政府不增员的两年里发现事业受阻，感觉自己被困在公共部门想要离开。要是生活按部就班，我也许不会写博客，就不会遇到那个粉丝，而正是她，给了我公司网站全职执行编辑的工作。我也许就不会有向她学习的机会，没法得到她的鼓励，抓住博客带给我的每个机会。

老板雇我冒了不小的风险——她从来没见过我这个"节衣缩食的金发碧眼姑娘"。我非常感激她为我所做的一切，她如此信任我，让我觉得有负于她，所以我坚持了这么久。她当时花了大价钱雇我，我必须不辱使命。

我没有想好接下来做些什么，因为我从来没有想过会离开。我起初很开心，却渐渐开心不起来了。我想我也许该留下来，帮着公司继续发展——直到力不从心。要是做别的事儿，我得另起炉灶，可我不知道该从哪下手，也不知道自己想做什么。我的朋友凯拉住在丹佛，她向我倾诉，说她对自己的工作很不开心，她下了决心，要在七月一日辞职，我这才意识到，我也要这样做。我需要定个结束日期。我需要看到隧道那头的亮光，知道自己能从另一端走出去。

七月一日为时过早。我的确还有几个项目需要完成，也定好了五月去多伦多的行程。直觉同样告诉我：七月一日为时过早，我还需要时间存些钱，做个计划。我不知道接下来做什么，但我不能整年都耗在这份工作上。再多的钱也抵不上我每个礼拜流下的眼泪。如果那意味着我不得不在没有新工作的情况下辞职，我也会做的。

我翻了翻日历，决定九月一日离职。五个月的时间足够我找份新工作了，我还能存下不少钱，如果需要，银行里至少还有六个月的生活费。我要在八月份提辞职，九月一日离开公司。就这么定了。

不过，我还打算定个延展目标。我是在看个人理财博客时，第一次知道了延展目标这个词儿。人们定延展目标挑战自己，提前完成任务——可以说，靠的是竭尽所能。还款时，我定了延展目标。我最初打算三年还清贷款，而后缩减到两年半，最终在两年内完成了目标。我减肥时定过延展目标，准备第一次半程马拉松时定过延展目标。现在，我要再定个延展目标，让它激励着我竭尽所能摆脱现在的困境。七月一日为时过早，但我还是把它写下来，粘到电脑上，这样一来，我每天都能看到它。九月一日结束很不错，要是七月一日便能结束更好。

做决定时我还发现，我现在花的钱比以前少得多。实施购物禁令前，我每个月最多可以攒下10%的工资，也就是说，我会花掉另外的 90%。禁令的目标之一便是学会用更少的钱来生活，所以，我可以攒下更多的钱——我一直也是这样做的。每个月，我大都能攒下 20% 到 30% 的工资。一月和二月我还分别攒下了 56% 和 53% 的工资，也就是说，我只需要 44% 到 47% 的工资就能正常生活。我证实了我的理论：事实上，我能够用比以前少得多的钱来养活自己——能攒下钱、能去旅游。

真希望我能说，这并没有那么发人深省。知道了这些数字，我多想站在商店和购物中心的房顶上喊出它们。"要是你琢磨着让自己怎么攒下钱，那就别买不需要的东西！相信我，你其实根本用不着在这儿买东西！"这原本应该显而易见。此时此刻，我已经写了四年理财方面的文章，还清了 20 万元的贷款，还着手存了养老金。我本就该知道，我并不需要很多钱来实现我的理财目标。但我依然陷在购物循环里不能自拔。我以为自己每年多赚些钱，就能买更多自己需要的东西。这个循环意味着我不断地消耗着多赚来的钱，却没有攒钱，更严重的是，我还有很多想买的东西。然而禁令证明了另一个理论：你想要得越少，花得就会越少——自然你需要的钱也会越来越少。

　　我问凯拉辞职以后打算做点儿什么，她说她要重新做回自由撰稿人。她曾经这样干过，虽然有些难，但她觉得这些年来学了不少东西，想再试一下。我为她感到骄傲，也很嫉妒她的勇气。辞了职去做自己的事儿，有种大无畏的英雄气概。她知道自己到底想要什么，也在为此而努力着。

　　凯拉问我下一步有什么打算，我承认我自己也不知道。我看了招聘信息，可工作并不合适。工资还好，但我对公司不感兴趣，工作也没什么意思。她打断了我："那你到底想做什么呢？"

　　我从来没有问过自己这个问题。我的工作不是为了积累经验就是为了多赚些钱，可我并不喜欢它们。我数着时间等待下班的时候总会对自己说"现在还好"。我被拴在桌子上，就为了有份稳定的收入来支付各种账单和贷款；我买东西，因为它们能让我变成更好的自己；我找高薪的工作，因为这样才能付得起钱。我从未停下来问问自己到底想要些什么，也许因为我从来没把自己摆放到一个能够负担得起生活开销的位置。

　　资金预算和记账最大的好处便是能够为大事做好规划——比如辞职这种事儿。现在的我能够未雨绸缪，计划好存上五个月的钱便能安心辞职。然而回头看看实施禁令九个月来的预算，一个数字脱颖而出：我每个月的生活费开支基本上一样——并且比之前少了不少。预算之所以会有波动，都和我出去旅游有关。旅游是件奢侈的事儿，要是没钱，我可以把它从预算中剔除。所有的花销都汇为一个新的更小的数字——正好和我每个月做自由职业写作赚得的钱数相差无几。

凯拉第一次告诉我她打算做自由撰稿人时，我并没有意识到，有朝一日我也能做出同样的选择。我从未计划过做自由职业。我认识不少博主，他们推出自己的网站，希望能赚足钱，好辞职在家全职写博客。但我没有这样打算过。我写博客，无非要分享自己还贷的心路历程。它是监督工具，是我与经历过相似困境的粉丝进行交流的平台。分享的同时，我接了几份自由撰写的工作，但只不过是兼职罢了。我从未计划过做自由职业——可它现在的确是个选择。

购物禁令表明，我做自由职业挣的钱足以填补我的日常开销。它同样表明，我要想存钱（包括留出纳税的钱）和旅游，还需要再挣多少钱。一想到收入会减少，我其实并不开心，然而禁令表明，我的收入足以支撑日常开销。要想多买东西，就多挣些钱；要是想要的和需要的东西少，就计算出自己到底需要赚多少钱——数字表明我可能比现在挣得少。我愿意冒这个险，只要能找到一份自己喜欢的工作。

新计划出炉：我多联系几个客户，然后辞掉工作，专心写博客和文章。这个计划有风险，但我相信它值得一试。

从那天起，我读遍了撰写自由职业的最新书籍和博客帖子，还听了不少播客节目。我实施电视禁令时养成的习惯仍在继续，我只在工作结束到晚上九点这段时间看电视（包括听播客）——尽量有所节制，这样就不会打乱我的生活和休息。不过，不同于那几周、甚至几个月浪费生命地追剧、追真人秀，我也从中学到了些东西，我需要汲取节目里的每一条建议。

特别是听一档播客节目时，我会把利于发展自己事业的意见牢记于心。而后暂停播客，随便找张纸，草草记下所有的东西。短短几周，我公寓里到处散落着纸片儿、从图书馆借来的书以及归还日期通知单。我还从一本旧画册上撕下空页，粘在墙上，胡乱记下我辞职之前需要做完的工作的时间表。我的公寓变得乱七八糟，和我十月份分享在博客上的照片大不一样。但我茅塞顿开，我一连几个月都没有如此激情澎湃了。

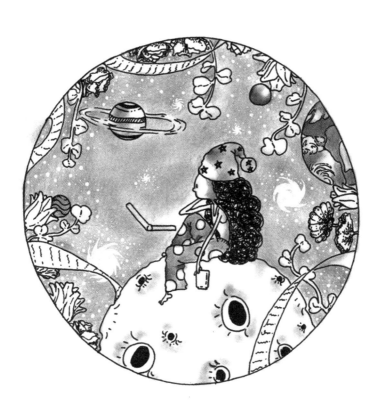

为了让计划更加真实，我决定每天告诉一个人我打算辞职的消息。我的想法是：知道我辞职的人越多，潜在的客户就越多，我需要负责的人也越多。我可不想言而无信。

起初，我兴致勃勃——告诉大家我要辞职的消息，描绘美好的未来生活。然而除了在老板面前开不了口，我也害怕和另外一个人提及此事：我的爸爸。那位从 17 岁起就为联邦政府效力的公务员。这些年我和他聊过钱、聊过工作，我怕他担心我。我也怕他说我的主意糟透了，说整个计划就是个错误。我看重他的意见，希望能得到他的支持。我足足花了两周的时间，在得到了 14 个朋友的肯定后，才鼓起勇气将我的新计划告诉他。我还没提到数字，他便说了三个字："你能行！"我早就该知道，爸爸也相信我的直觉。

终点就在眼前，我再也不会向电脑屏幕竖起中指，大声咒骂、哭泣。我无法控制我父母的离婚和我家庭的未来，但我可以控制这个——终于有了一些值得期待的事情，这感觉真好。

—— 11 ——

五月：发现不一样的自己

戒酒时间：28 个月

收入存储比例：24%

能够完成此项计划的信心指数：100%

　　购物禁令实施到第 10 个月，我已经记不清上一次琢磨着要买用不到的东西是什么时候了。我对任何诱惑都变得无动于衷。知道书架上还摆着那么多没有看过的书，我轻而易举便能略过每季的必买书单；我喜欢燃着蜡烛写作，即便家里的蜡烛已经耗尽，我依然能够轻轻松松略过我最喜欢的蜡烛广告，因为我一月份修改过规则，我可以自己动手制作蜡烛，压根儿用不着再去买了。至于是动手制作还是干脆不用蜡烛，我选择暂时不去用它们。我很满意现在拥有的这些东西，这样下去，我相信自己不费吹灰之力便能实现目标。

　　我很庆幸自己安排了五月份那次为期 24 天的旅行。与以往各个月份相比，无论是离家旅游的时长还是这 24 天里排满的行程都称得上极限了。不过每个行程都有意义，即便是我压根儿不想去的地方。

我第一站去了多伦多工作。我无数次地请求老板，她才终于答应雇个全职员工来处理公司日益膨胀的内容需求，而不再把所有的事情都外包给自由撰稿人。去多伦多之前，我花了几个礼拜的时间浏览简历，请几个合适的人选做写作、编辑测试，还约了几个人在我到办公室后前来面试。一切都完成后，我给一个人发了入职邀请函并得到了积极的回复，真是让我松了口气。这样一来，旅行结束以后，我就能腾出手来好好做兼职，这正是我现在最需要的东西。

我在公司待了快三年，却从来没有好好休过假。我只能请上两三天的假，到处去开会，仅此而已。二月份我去了纽约旅行，却依然在工作，因为没有人能接替我的工作。我是公司的第一位执行编辑，起初，能得到这个职位真是份不可思议的礼物，那个时候，我能够发挥自己的专长，打磨好这个角色。然而成了公司唯一能够撰写、编辑符合公司风格（也是我订立的公司风格指南）文章的人、唯一能够登录公司博客后台的人、唯一能够做很多其他事情的人，我不但成了公司的关键人物，却也意味着，我不能休长假。我需要休息休息。没错，我深知自己不久就能离开。但我现在还是需要休息休息。

我离开多伦多，又飞去哥伦比亚，在维多利亚的家里待了一周。本刚刚放了暑假回家，我们还没来得及当面说说爸妈离婚的事。他也吃了一惊，就像我和阿丽一样："我以为从小到大，爸妈向我们诠释了什么才是幸福的婚姻。"我们三个沿着附近山上的林荫小路走着，详详细细地说着我们下一步的打算。本还从来没有如此坦诚地表达过他的感情。他内向，和不少工程师一个样子。然而这么多年过去了，他显然是长大了、成熟了。他口中的每个字都令我骄傲。我问他是否难过，他的回答更是让我引以为傲。

"我还好，"他回答，"我是说，事已至此。"

事已至此，无力回天。这是不可否认的，再多的乞求也改变不了它。本没有生气，也并不难过。他似乎直接越过了我经受过的种种悲伤，接受了这个事实真相——我们面对的新情况。我们唯一能做的只是继续前进，我们大家都心知肚明，却是本第一个说了出来。

我一连几个月都在担心阿丽、担心本，忧心未来，琢磨着怎样才能带着大家一起踏上新路。我是家里的老大，有义务这么做。他们一出生，我就帮着爸妈照顾他们。然而本的回答让我意识到，他并没有我想象中那样需要我。他还好。他们都会很好。我万万没有想到，他能带着我们走出沮丧的圈子，指给我们正确的方向，然而的确是他，带着我走出悲伤，让我再次感到脚下的地面平稳了下来，然后给我指了家人该走的新路。

剩下的几天我一直窝在维多利亚连轴工作。5 月 20 日，我和莎拉一起飞去纽约。莎拉也是几年前我在个人理财博客上认识的朋友。从那里开始，我们将开始为期 10 天的公路旅行，我想请 10 天的假。要做到这一点，我不得不把这几天的工作一股脑挤在了上一周，并且在五天内搞定了它们。不管怎么说，我做到了。我们上了飞机，我依然睁不开眼，眼里布满了血丝，但现在是真正的旅游时间。

我还没有发现爸妈打算离婚的时候，就已经和莎拉定好了这次旅行。我们知道这次旅行便宜不了，加拿大元不值钱，兑换美元的汇率又很高，所以我们想尽办法来省钱。我们用优惠券省下了一个人的返程机票，还搜遍了网上的打折房间来节省住宿费用。莎拉为一家著名的奢华旅游网站写文章，她还用一份住宿体验评价换来了几个晚上免费的酒店住宿机

会。我们用折扣代码省下买美铁车票的钱，用积分租车。到
了出发的时候，我们预定好了所有需要的服务，而且每一项
都享受了折扣。

我们第一站到了纽约。我们在联合广场附近的一家墨西
哥饭店见到了香农，而后我们带着莎拉在斯特兰德书店周围
转了转，这还是莎拉第一次来到斯特兰德书店。号称藏书长
达 18 英里的斯特兰德书店是我每次到这座城市都一定会去的
地方。我常常沿着小路上上下下地穿行一个多小时，然而直
到那天，我又走了那么多地方，却依然觉得自己连书店的一
半儿都没有转到。我没在斯特兰德书店买过书，因为我来纽
约时，大都赶上了购物禁令——包括这一次。我似乎给自己
开了个残酷的玩笑、和自己玩了场奇怪的游戏，但我没法停
下来。尽管我买不了东西，但对我而言，到了纽约却去不了
斯特兰德书店就像到了巴黎却去不了埃菲尔铁塔一样令人遗
憾。我必须去，我必须去看看它。

从纽约出发，我们乘坐美铁去了波士顿，在山姆拉格如
莎吃了熏牛肉三明治，到迈克糕点尝了尝卡诺里卷。我们在
自由之路温习了历史，到新英格兰大屠杀纪念碑感受了那份
沉重的心情。我们走在比肯山狭窄的砖铺小路上，越过一排

排房子，穿过波士顿公园，沿着联邦大道到了海边。那一晚，我们回到旅馆，泡了壶黑茶，翘起疲惫的双脚，慢慢品尝着从迈克糕点买来的手指饼干，那是我们特意给自己留的夜宵，一次就咬一口。要是旅程那天便宣告结束，我也心满意足了。

第二天，我们乘坐地铁去了剑桥市参观哈佛大学。我可能没机会在常春藤盟校里上课，但却可以装模作样地想象一下那是什么感觉。我们在校园外买了冰激凌，找到了通往哈佛校园的路，在大树的遮蔽下，不必忍受草地涌起的阵阵热气。学校的员工、学生和参观的粉丝从四面八方涌来。只有哈佛的松鼠驻足望望我们，我猜想，它们准是默默地祈祷着我们能把最后一口甜筒递给它们。吃完冰激凌，我们打算晒着太阳把学校转个遍，不过在那之前，我们得先去摸摸约翰·哈佛的左脚趾寻求好运。

我们从波士顿乘火车回纽约过周末，我们想着一定不能错过我们的第一次百老汇歌舞剧。我来这座城市四次了，却一次都没有进过剧院。没错，音乐剧并不是我首选的消遣方式，但是百老汇有所不同。纽约的百老汇歌舞剧很特别，是大众都能欣赏的东西。我们在时代广场 TKTS 折扣亭买了两张当天晚上的《芝加哥》音乐歌舞剧的票。我们进剧场观看

演出，兰蒂·诺伍德居然扮演了洛克茜·哈特，我俩激动坏了，
她可是我们小时候最喜欢的歌手之一。三个小时后，我们回
了旅馆，挥着手唱起了《爵士春秋》里的歌词。第二天一早，
我们嘴里依然唱着那首歌，取来租到的汽车，开着穿过时代
广场，出了城。

　　第二周，我和莎拉去了没有计划要去地方。出发之前，
我们只订好了旅馆的房间。我们知道晚上在哪儿过夜，却不
知道白天去哪里逛。从纽约到费城，我们走走停停，还转了
转普林斯顿大学。让我们再装模作样地在常春藤盟校待上几
个小时吧！我发现费城不但有独立钟，还有几种其他地方都
找不到的美食。我们还发现华盛顿的国家广场❶并不是什么
购物中心，而是一座巨大的公园，公园两端林肯纪念堂和美
国国会大厦遥相呼应，公园四周还有纪念碑群、博物馆和美
国国立博物馆。我有没有告诉你们，我是开车穿过时代广场
的，活着出来真是个奇迹。

　　在费城和华盛顿，莎拉想办法帮我们搞到的免费房间居
然在丽思卡尔顿。我万万没有想到，我这种穷人居然能住进

---

❶原文 "National Mall"，"Mall" 在英语里是 "商场" 的意思。

这样的豪华酒店。事实上，从我只能想到用"豪华"这个词儿来形容这家酒店就足以证明我不属于这里。穿着 30 元的 T 恤和从 Gap 买来的卡其裤，我显然和这里格格不入。不过住在那儿我才明白，高级酒店会让你享受到终生难忘的入住体验。到了酒店，我们还没来得及和侍者打招呼，他似乎便已经知道了我们的名字。房间的盘子里装满了自制的糖果，还有我们在照片墙上使用的独有的标签，盘子上几个细细的巧克力字写着：莎拉和凯特一路向东。每天晚上回到房间，我们的床早已铺好，客房服务帮我们拉上了帘，打开了床头柜上的台灯，拉开了被子，还在我们枕边放了几颗巧克力。莎拉对这种服务习以为常，可要不是这次出来，我压根儿都不知道还有这样的服务。

在离开前的一天，太阳顺着乔治敦海滨渐渐落下，我们看到一道彩虹升了起来，我发现自己的心情终于好起来了。我不是每时每刻都快乐。在波士顿驶往纽约的火车上，我掉了几滴眼泪，因为担心阿丽，给她发了几条信息。不过我很好，和莎拉一路走来，我会不时微笑、会开玩笑、会哈哈大笑、会跳舞、会唱歌，就和以前一样。我如愿休息了几天。最重要的是，我先为自己做了考虑。我不再觉得亏欠谁，也不会

以为自己对别人来说多么重要。我想干什么就干什么，我把自己的快乐放在了第一位，我很好。那一刻我们拍的照片很美，我一直把它们挂在心中。

每走一段路，每参观一个城市，我才发现，我真要感谢购物禁令把我带来了这里——感谢它能让我今年到处去旅行。当我还没有走出高中校门，还是个孩子的时候，我就和大家说过想到世界各地去走走，却一直没钱来实现这个愿望。今年之前，我唯一单独出国（不是为了工作，也不是为了参加会议），是去了拉斯维加斯参加女孩儿周末——我只能去那儿，因为拉斯维加斯曾经便宜得难以置信。那一次，听着朋友们滔滔不绝谈论着他们在欧洲、东南亚、澳大利亚和新西兰的奇遇，我却连哥斯达黎加、尼加拉瓜和多米尼加共和国都去不了。那时，我的理由一直都是没有钱。事实的确如此。看一眼我的银行账户就知道情况属实。但如果我环顾一下我的公寓，就会发现我的确有钱——至少，我可以刷信用卡。我只是把钱花在了别的东西上面。

我也以为自己请不了假，要是扣了工资，我可没法生活。我以为自己多挣些钱，才能买更多想要的东西。而后我依然想要更多的东西，那意味着，我不得不努力挣更多的钱。这样的循环给我带来了很多东西、很多债务，别无其他。突然之间，我发现自己记不清 11 个月前到底扔掉了哪些东西，而每一次旅行却历历在目。我不需要带纪念品回家。我只想尝尝美食、看看风景，记住每次旅行时阳光照在皮肤上的感觉。这是我十几岁时就有的梦想，我终于实现了它。我终于过上了自己梦寐以求的生活。

旅行的最后一晚，我和莎拉坐在床上，开着笔记本电脑计算我们欠了客户多少文章、查看下一周的电话和会议安排。莎拉一年前就迈出了那一步，辞了工作专心写作，她总能给我源源不断的灵感。她现在的样子就是我对未来的自己的期望，我所谓的"成功"是：效率高的时候写写文章、多和喜欢的人在一起、周游世界。我问她我该不该做自由职业。"你最擅长和人沟通了，凯特。"她说，而后说了和我爸爸一模一样的话："你能行！"

开车去纽约坐飞机的路上，我收到了一封无法拒绝的工作邀请。和不少人宣布了我很快要做自由职业的消息后，一个客户给我发了邮件，说他们那儿的工作足够我忙活到年底了。我能尽快开始工作，做多做少也是自己说了算。"这是不是你感兴趣的东西？"说实话，我不知道。这并非我想更换的工作类型，而且稿费也比其他客户给得少得多。但我知道这份工作意味着：离开的机会——给了我出路。尽管我还不敢迈出那一步。我不知道自己有没有准备好，我不知道要是这个客户不用我了，我还能做些什么——要是将来其他的客户不用我了，我还能做些什么。我只知道，多亏了新稿子，我能攒下足够花到年底的钱。即便只是为了自力更生到年底，不也值得吗？

一到家，我就给老板打了电话，告诉她我会在一个月内辞职。等到购物禁令结束的时候，我就自由了。

12

六月：整理行装再出发

戒酒时间：29 个月

收入存储比例：42%

扔掉的东西占比：70%

能够完成此项计划的信心指数：100%

购物禁令实施的最后几周，我经历了一整年来最动荡的日子，也正是这段时间，我真正成长了起来。每天清晨醒来，我都能感觉到肾上腺素的分泌，让我知道我离自己做老板又近了一步。它指使着我踮着脚在公寓里走来走去，有时，我发现自己趁着煮咖啡的工夫，居然跳起舞来。我坐在桌子边上，身子挺得直了些，一条条地划掉做完的事情。我挺起胸膛，深吸口气，让肺部和身体都充满希望。结束的日子就要到了，我又能好好呼吸了。

直到此时我才发现，生活改变之后，学会爱自己变得更加重要。摆脱欠款让我看到了自己的决心；吃紧的预算让我了解了自己的足智多谋；保持健康证明我能把控好自己的身体和意志；远离酒精不断告诉我，我不需要借助任何东西就能获得快乐；一年的时间我没有购物，说明我的意志力比自己想象的要坚定得多。我的注意力不再耗费在想要的东西之上，也一下子开心了不少。一次次的挑战逼着我改变自己的生活习惯，把我推出了安乐窝。每一次的挑战带给了我不同的担忧和恐惧，然而却无不源自同一个理由：改变，以及随之而来的动荡。辞掉工作开始自由职业也是一样，但我做好了准备。

然而，这并不意味着我不会害怕。我发现自己在厨房里翩翩起舞，但我也注意到自己会停下来，琢磨琢磨自己到底放弃了些什么：稳定的工作和固定的收入。我想象着不同的情景，计算自己一个月能挣多少钱，看看会对我的预算和计划有些什么影响。而后，再看看自己能攒下多少——只比最初的计划少了 7000 元——这提醒我，自由职业没有问题。我给自己五个月的时间攒钱，并且在三个月内就存了绝大部分。因为有了目标，存钱变得容易多了。我意志坚定、足智多谋，我一定能做到。

我最担心的并不是那些数字，而是给老板打电话辞职。她当初真是冒险雇了我，为此，我一直觉得亏欠于她。但她同样是我的朋友，是任何人的楷模——不单是女人的，更是所有创业者的楷模。当然，是她教会了我理财方面的知识。是她让我明白，和喜欢的人一起工作、做自己喜欢的事有多么重要。会上谈着六位数的大买卖，她却一转话题，问你看没看最新一集的真人秀，她让你明白，别太把自己当回事儿。电视现场采访开拍前一分钟，她会打电话让我给她理一遍谈话要点，她不止一次这样现身说法，让我知道求助有多么重要。我从来没有和她这样的人共过事。想想曾经的工作，我漠然离开也不无道理：没有难度，什么也学不到，所以，也无所谓成长。是她让我知道在一个位置上，完全能感受得到所有的东西——难度、知识、成长，即便离开，每一天也依然能够感受到。在公司的很长一段时间里，我都很开心。我万万没有想到自己会提出辞职，特别是为了做自由职业而辞职。自由职业从来都不是我计划中的事。然而现在我却在想，它会不会就是我的宿命。我们冒险和彼此合作，我向她学习，然后自己单干，这一切恰好就是该有的样子。我告诉她我的计划，她也证实了我的想法。"我知道早晚会接到你的辞职电话，凯特。"我能感受到电话那头她在微笑。

真是忙乱的一个月。我们着手雇人接替我的职位，倒也留出了假期，我走之后他们才会做出最后的决定。趁着这段时间，我给团队的几个人做了培训，把手里的工作交给他们去处理；给新编辑做好工作职责说明；制作这期间自由职业者的工作流程。几个月来，我的条理性第一次发挥了积极的作用。

离开的日子越来越近，我的思绪忍不住从工作飘向了对未来的担忧之上。将来会是什么样子？我能把更多的精力放在自己的博客上吗？在自由职业期间我要怎样寻求平衡呢？要是有客户不用我了怎么办？要是所有的客户都不用我了怎么办？每当我越来越担心，我就会看看那些数字，告诉自己没有问题。我的工作足可以忙到年底。我不知道那之后会发生什么，但只要能做六个月的自由职业，就值得一试。生活充满未知，这并不容易，但我有经验。事实上，从戒酒开始，我就一直在过这样的生活。"活在当下的每一天，享受当下的每一刻。"

2015年6月26日是我工作的最后一天。清空了收件箱，我摘下四月起就贴在电脑上的便笺纸。7月1日不单是我的延展目标，4月时，它看上去就像是无法实现的壮举。我现在应该知道，只要集中精力优先处理，一切皆有可能。

　　一辞职，我便琢磨着搬回家乡去住。自从 2012 年工作时离开维多利亚，我以为自己得等到退休才能回去。我一直以为人生要想成功，就得在公司里向上爬，可在维多利亚根本实现不了。那儿是政府之都，我也不想回去政府工作。我同样不想做每年只关心升职和加薪的工作，可住在大城市，工作似乎不过如此。做更多的工作，挣更多的钱，买更多的东西。我根本不想要这些东西。现在，我也不需要这些东西。我只需要挣到足以养活自己的钱，再攒些钱，偶尔去旅旅游，购物禁令恰好能让我知道自己需要多少钱。

　　吸引我回去的另外一个原因是，小城市的生活节奏自然慢些，人们对生活给予的小事儿充满感激。我希望能够生活在这样一群人中间，他们更加珍视生命而并非工作，他们喜欢户外运动而并非挂在网上，他们动手为自己做东西而并非花钱去买便利。我从多伦多搬到大温哥华，以为自己得在大城市扬名、在大城市拥有自己的事业，却从来没有停下来想想自己真正需要的是什么。这些都不是我想要的。我现在知道自己看重什么，希望能同与我有共同追求的人生活在一起。况且做自由职业，我住在哪儿都行。为什么不和家人、朋友住在同一座城市呢？我不知道搬回去是不是就不走了，但我知道没有什么事是永恒不变的。我要是想简简单单生活，那儿正是我该待的地方。

我开始打包行李，回忆着一年以来的点点滴滴，想到亲人们起初一定觉得我的实验荒唐至极便哈哈大笑起来。首先，我告诉他们我打算一整年不买东西，他们自然挑起了眉毛，向我抛来各种问题。接着，我又告诉他们另一件事，我打算扔掉自己用不着、不喜欢的东西。那时，我没法为自己辩解什么，我不知道这两件事儿怎么联系在了一起，也不知道自己为什么打算同时去做它们。我只是引用了博客里的那句话："我还不是自己期望中的理性购物者。"我不知道自己到底要实现什么目标，也不知道自己到底想做些什么。我不过全身心投入了进来，却毫无方向可言，我一直以来都是这样怀揣着最大的希望做事。

为了挑战自己，让自己一整年都不购物，我做好了准备，要么失败，要么享受最美好的一年，而我更乐于见到后者。一年当中，我逼着自己慢下来，找到诱惑自己花钱、浪费的坏习惯，勇敢去面对它、改变它。我不再理会营销商劝我们大家这一生该拥有的东西：一切最新、最好的东西，一切能解决问题的东西，一切时髦的东西。我用它们换来了必需品，这一年来我不能买新东西，却让我意识到，必需品才是我真正需要的东西。必需品是所有人真正需要的东西。我一直陷在想要更多、想买更多、而后需要更多钱的循环里。禁令揭露了真相：若是你打算少要点，你就能少买点，最终，你只需很少的钱。

精简掉70%的东西给我上了堂别样的课。我发现，我人生的前29年都在竭尽所能为理想中的自己做事情、买东西。我留着那么多东西，买了那么多不该买的东西，都是因为我从来没有对自己满意过。我不够聪明、不够专业、不够能干、不够有创意。我不相信真实的自己，我不相信自己做的每件事都独一无二，所以我买了些能让我变得更好的东西。我花了一年的时间整理乱七八糟的东西，想明白我到底是谁：作家和读者；远足者和粉丝；狗狗主人和爱动物的人；姐姐、女儿和朋友。我发现自己并不是看重物质的人，我看重生命中遇到的人、看重我们在一起的时光。而所有这些都不在我家里，不在我的东西里，而是一直住在我的心里。

要是仅仅一年不买东西，我没准儿只能看清自己这个消费者的样子。要是仅仅清理房间，我没准儿只能看清自己的喜好。两件事儿同时进行十分关键，它们逼着我放弃自动行驶的生活，开始质疑自己所做的决定。我是谁？我擅长什么？
我关心什么？我的生活究竟需要什么？我的家族史显示，幸
运的话，我可以活到 85 岁。这么多年我打算做些什么？我
需要不停地买东西，就像我需要不停地吃饭、喝水才能生存
一样，这是无可争辩的事实。然而我有足够的特权，能够对
买什么、吃什么做出选择。认识到这一点，我不但能理性购物，
不但能攒下钱，还变得更加关心他人，学会感激简单的小事。

　　我有时候在想，要是我没有这样做，生活会是什么样子？
要是年轻时全听爸爸的，管好自己的钱会怎样？面对自己的
消费倾向，尤其是喝酒的毛病时，我也会问自己同样的问题。
要是我禁得住诱惑，生活又会怎样？我回想起，只有犯了一
次次的错，吃了一次次的亏，我才能成为现在的自己。这并
非浪费了爸妈的精力。何以见得？我 20 来岁学到的知识都
是爸妈教的。当直觉告诉我我做错了事儿时，我相信正是父
母让我明白了这个道理。不过，我总会犯错，也正是在追求
自认为需要的东西时，我才发现了自己真正需要的东西。

　　我开始挑战自己，挑战自己的花销，挑战自己的金钱。
这便是我这个故事的开端，也是我很多其他故事的开端。戒
酒每年帮我省了不少钱，购物禁令也做了同样的事。回头一

想，挑战其实无关乎金钱。禁令送给我最好的礼物，是让我学会把控自己的人生，给真正的自己一个全新的开始。它挑战着我，让我的人生发生了翻天覆地的变化。它让我一年便有了近 12 万元的存款。它拯救了我。

❀

我继续打包行李，餐厅的立镜映着我的身影，我发现自己没有化妆。实施禁令前，不化妆，我根本不敢出门：眼线、眼影、睫毛膏一样都不能少。一想到人们看见我不化妆的疲惫样子，我就毛骨悚然。可现在，除了保湿霜，我早已记不起上次往脸上抹东西是什么时候了。这并非我计划中的事。女人化不化妆对我来说一个样儿，我只关心人们把钱花在了哪里。化不化妆是自己的事儿，我可没打算放弃它。然而一次次的经历让我明白，每一个微小的变化带来的好处是多样的。它让你有了新的变化，有了心态的转变，有了过上新生活的决心。若是将来我又开始化妆，人们也依然能够看到真实的我——化妆只是为了我自己而已。

我不过花了几个小时便收拾好了行李，我家里的东西只有先前的 30% 而已。除了家具，其他的东西只用了八个小箱子。我整个衣柜里的衣服——现在只有 29 件——满满当当地塞进了一个单人行李箱。这一次，我倒是很乐意把它们从这个家搬到另外一个家，因为我清清楚楚地知道里面装了些什么。我打包好其他东西捐出去后，剩下的便是自己真正需要的了，虽然不多，但足够用了。

这就够了。我的东西足够用。我心满意足。

后 记

购物禁令于 2015 年 6 月 6 日结束。一年来，我每个月的平均日常开销占据了收入的 51%（近 20 万元），存储占据收入的 31%（近 12 万元），剩下 18%（近 7 万元）的收入都用在了旅游上。我的经历证明，我能够花更少的钱，存更多的钱，做更多自己喜欢的事儿，在禁令的过程中，我还学到了许多其他的经验教训。我本可以一副大功告成的样子转身离开，然而第二天（我 30 岁生日当天），我却在博客上发了帖子，宣布自己还要再过上一年极简生活。

这次的规则和上一次如出一辙，只是这一次，我打算弥补第一年里没有做成的事儿：记录购买、使用每样物品的经过。正如近藤麻理惠所说，记录自己用了多少管牙膏一点儿意思都没有，但我打算为我的研究增添些数据，看看女性消费者一年当中到底需要买多少东西。我不知道结果会怎样，但总觉得会比想象中要少很多，事实也的确如此。举个例子，我一年下来总共用掉了五块除臭剂、四管牙膏、两瓶洗发水和两瓶沐浴露。知道这些没什么好大惊小怪，却让我打消了囤购洗漱用品的念头。

我打算继续实施禁令的另一个原因是，我还没来得及试试一月份定制的新规则。我家里的清洁剂和洗衣液还没用完，所以没有机会亲手做上一些。我没再用蜡烛，也懒得开辟一块儿花园，省了些烦恼。然而回到维多利亚，我很想挑战一下自己，亲手做做蜡烛、种种地。我弄了个小花园，却发现自己没什么园艺天赋，不过我很高兴自己能行动起来，尝试新的生活。而有些人不过只会种些多肉和仙人掌罢了。

在精简的前线，我依然在把用不到的东西打包捐赠出去，我差不多扔掉了 75% 到 80% 的东西。人们总会问我是否后悔扔掉了什么，答案当然是否定的。事实上，我根本记不住自己到底扔掉了些什么。我只记得第二年卖掉过一款名牌手包，每次背着它，总会让我局促不安。要是你见过我，总会发现我每天穿着同一款黑色紧身裤和法兰绒衬衫。我不是喜欢名牌的人，几年来我之所以背着那款手包，不过是觉得它是成熟的凯特该有的样子罢了。第二年的购物禁令一结束，我就把手包换成了个 60 升的背包，可以在晚上去徒步旅行时背着。这样的背包可不会令我局促不安。

我依然舍得把钱花在旅游上。购物禁令的第二年，我去了俄勒冈州的波特兰、北卡罗来纳的夏洛特、多伦多、温尼伯、盐泉岛、加利亚诺岛、托菲诺，还多次去了斯阔米什（我最终搬去那里定居）。购物禁令一结束，我独自开车绕着美国转了七个礼拜。当我有了时间和金钱去做些"大事儿"，像是在国外生活、工作了几个月，我发现我更想先去北美探索一番。人们很容易把周围的环境看成是理所当然的事，而我能生活在这片最美的大陆真是太幸福了。

第二年禁令结束，我打算放弃实验，但这只是因为精简的理念已经融入了我的生活。我没有列清单（事实上，我第一次列完清单后就再没这样做过），但我只在需要的时候才会去买些东西，绝不会因为打折而心动。你没准儿以为，我购物时多花了冤枉钱，然而真相却并非如此，因为我没有浪费一分钱。我的每一次购物都是深思熟虑的结果，毫无冲动可言。2014 年的黑色星期五过后，我再也没有不知不觉地买过东西（从那时起，我还一直用着我的旧阅读器）。我现在偶尔会买些书，因为我知道自己很快会翻开看看。看完书，我常常把它们送给朋友，或是干脆捐给当地的图书馆。

我的家人过得很好。我们仍在琢磨家里将来会变成什么样子，好在我们还在一起想办法，我相信我们会一直这样下去。我很难过，"女孩儿们"——我们心爱的小狗——于2017年5月双双离世，不过它们晚年一直待在家里，我们也一直爱着它们。

工作上，我依然做着自由职业，我不时提醒自己，我不知道未来是什么样子，我不知道下一步该如何去走，我不知道自己会做些什么，不知道自己能挣多少钱，不知道自己接下来去哪里旅游——但是没有关系。动笔之前，我甚至不知道自己有机会撰写这本书。我只知道，我很满意生活本来的样子。现在，我戒酒五年了，无论生活如何折磨我，我依然滴酒不沾。

现在想来，我曾是个消费无度的女孩儿，却最终转变为理性消费者。我继续做着实验，但凡自己觉得无用的东西都尽量避而远之，比如坚持30天不上网、一个月不看电视。不论是这些实验还是购物禁令，人们无不担心过于苛刻。我明白这种担心在所难免，而我的建议一直都是：记住，你要做的就是放慢脚步，问问自己到底想要些什么，切忌急功近

利。就这么简单。要成为"理性"消费者，不过就需要这些
而已。

这些年来，我学到的最重要的道理便是，每每想要放纵，
多半是你身体的某部分缺了些东西——然而无论你喝什么、
吃什么、买什么都无济于事。我知道是这样，因为我一一试过，
却毫无起色。相反，你需要精简，把事物层层剥离，找出真相。
掉入想要更多、消费更多、需要更多的死循环毫无意义。

事实证明，"更多"压根儿解决不了问题，要想解决问题，
往往依靠"更少"。

致读者

你好，朋友：

若是我的故事能给你灵感，让你做个类似的实验，请先允许我说："我真替你高兴！这样的挑战并不容易，但我知道，坚持到最后，你就能改变自己的消费习惯，发现生活中最为珍视的东西。"

总的来说，我明白想挑战自己和真正超越自己是两码事。你得做好应对突发事件的准备、设定个人目标、制定规则，甚至不得不考虑其他人的感受。实验中，你会发现，自己的问题一直都在，只不过安稳地藏在购买能力身后而已。要是你能多坚持些时日，我猜你一定能变得比想象中更加足智多谋。

我希望你们能够成功。我希望任何突发事件都不会阻挡你们的脚步，不会令你们旧疾复发，不会让你们彻底放弃自己的实验。我希望你们能一一完成实验、超越自己，你们会发现不一样的自己，找到更多的生活方法，而这些根本用不着打开钱包。你们的理财目标可能只是少花些钱、多攒些钱，为某些事儿存些备用金，或是变成个更加理性的消费者。这份指南可以帮助你们有条不紊地走到最后，实现目标——无论你们的目标到底是什么。

开始之前，我希望你们能花些时间想想这个问题：你们打算接受这项挑战的初衷是什么。有些人把他们的初衷称为"原因"。它可以和生活中你们做其他事的原因一模一样，抑或有什么特殊之处。要是你们想找到原因，想想你们的人生之旅现在到了哪里，问问自己这些问题：你们现在需要什么？你们希望自己的人生能得到些什么？你们想给这个世界留下些什么印记？为什么？

整个过程中，我希望你们能列出自己的购物准则。购物准则与期望无关——正是因为混淆了两个概念，我才一度给理想中的自己大买特买。相反，购物准则是你们的行为标准，是你们判断生活中孰重孰轻的标准。一旦找到自己的购物准则，请把它加入列表，放在触手可及的地方（或许放在钱包里都不为过）。

做完下面的实验，我希望你们能过上期望的生活，你们的预算也都能与新生活匹配。一切就绪，就能轻而易举寻找到内心的平静，对自己拥有的一切心存感激。

祝你们好运！

1. 清理房间

无论你的购物禁令能实施多久，开始之前，我建议你们先整理好房间，把没用的东西统统扔掉。不单是收拾东西那么简单，还要分析它们。扪心自问，你打算留下些什么，而后扔掉其他所有的东西。我知道，这听起来有些反常。你一连三个月、六个月，甚至一年不能购物，你还要把现在的东西扔出去？事实上，清理首先能让你看清自己曾经把钱浪费在了多少没用的东西身上，好让你获得动力，在购物禁令期间不乱花钱。其次，清理还能让你清楚地记住自己到底有多少东西。

2. 列清单

要是你把东西放在衣柜、抽屉和箱子里，那么你不经意便会忘记自己家里到底有多少东西。清理时，我建议你们给

最多的东西列个清单。你用不着像我记录得那么详细，比如
有几支笔都记得一清二楚。相反，试试这样：进每间屋子看看，
记录下你拥有的最多的五样东西。比如，你的卫生间里没准
儿会有不少洗发水、沐浴露、乳液、牙膏和除臭剂。清点这
些东西，记下现在"库存"的数字。这些就是你禁令期间不
能购买的东西——至少不能在没用完之前去购买。

3. 制作三个列表

清理和列清单的过程中，有两件事会越发清晰：禁令期
间，家里有些无须再买的东西，还有几样不得不买的东西。
这时，我们需要制作三个列表：

必需品列表：禁令期间，只要用光了这个列表中的东西，
便可以去购买。要制作这个列表，最简单的方法便是在屋里
到处走走，看看自己每天在每个房间里都会用些什么。对我
来说，必需品包括食物和洗漱用品。此外，我还把送朋友的
礼物也写进了这个列表。

非必需品列表：禁令期间，不得购买这个列表当中的东
西。对我来说，这些东西包括我喜欢却不会每天使用的东西，
比如书、杂志和蜡烛。要是你也在清点这些东西，可以在边

上记录下数字以做参考。

允许购买列表：这个列表记录了禁令期间可以购买的特殊物品。清理、观察家里的东西时，想想禁令期间没准儿会出现什么状况，把可能需要的东西写在列表上。

你们应该注意到，我没有把"体验式"花费列在表上，比如出去吃饭、度假的花销。要是你想把这些也写在某个列表上，那也完全可以，只是没什么必要。我之所以把外带咖啡写在非必需品列表中，不过是不想将大把的钱浪费在上面而已。但是，我会让自己偶尔去趟饭店。记住，你的禁令是独一无二的。

4. 取关所有商场、优惠券推送信息

现在，你完成了三个列表，知道了什么该买、什么不该买，是时候尽可能减少外界的诱惑了——从清理推送到收件箱的广告信息开始吧。不论哪个商店或是服务项目推送来信息，点击取消订阅。你若想做得更好些，我建议你们取关社交媒体上所有心仪的店铺。你若还想做得更好些，我建议你们删掉为以防"有朝一日"去买而收藏起来的清单。眼不见心不烦，我的朋友。

5. 创建购物禁令存款账户

不管你的终极目标是什么，只要不购物，就能攒下些钱。怎么处置这些钱是你自己的事儿，不过我建议你开个存款账户（或是重命名个现有账户），专门当作购物禁令存款账户。你每个月打算存进去多少钱是你自己的事。一开始，我每个月只往里存几百元，因为我知道，不再买外带咖啡，肯定能省下这些钱。还有个办法便是把克制住冲动购物省下的钱存进去。最后，清理时卖掉旧物换来的钱也可以存进账户。

你要是担心自己花钱，在钱包里的储蓄卡和信用卡周围贴上便利贴，提醒自己正在实施购物禁令。在便利贴上写上："你真的需要它吗？"或是"这东西在购物清单上吗？"

6. 告诉所有你认识的人

告诉你的家人、爱人和孩子——特别是和你生活在同一个屋檐下、作为你家庭预算的一部分的人。和他们好好谈谈，看看你打算全家一起开始实施禁令，还是自己做个表率，独自实施禁令。

你要是想让全家都行动起来，也许会遇到阻力，所以，千万别勉强。现在最重要的是，确保大家都能明白你的意图，明白一段时间内你不再购买必需品以外的任何东西。和大家解释一下你的目标，解释一下你的目标如何能帮到自己、帮到家人，甚至可以计划一下如何花掉存下来的钱。

接下来，告诉与你相处时间最长的人。知道禁令的人越多，你越容易坚持，因为你不但要对自己负责，还需要对他们负责。我建议你至少找一位问责伙伴，无论什么时候，只要你有购物冲动，就可以给他打电话、发信息，好让他阻止你。

7. 改变高消费习惯，选择免费、便宜的生活方式

有人告诉我，他们考虑实施购物禁令时，最担心无法改变高消费习惯——特别是涉及其他人的习惯。告诉朋友"我不能去购物""我不能出去吃饭、不能出去喝酒"（要是你的禁令打算削减饭店方面花销的话）可不是什么愉快的话题。然而，要是能有其他免费、便宜的活动建议给大家，你一定会大吃一惊，有那么多人非常乐意做一些也能为他们节省几十元的事情。举个例子，别去逛商场、打折中心，徒步在家门口转转就很不错；别出去大吃大喝，在家吃个烧烤或是轮流带些食物开个派对也是不错的选择。

8. 留意诱因（改变你的反应）

理性就是这样形成的。当你忍不住想购物，有时候给朋友发信息、让他们阻止你还远远不够。你需要停下来，想想周围的一切。你感觉如何？你这天过得好吗？你在哪儿（你为什么去那儿）？你和谁在一起？你是如何劝自己的？有些——甚至所有这些问题都能诱惑你去买些东西。发现这些问题极其重要，只有找到问题所在，才能改变你的行为。要是你无法改变坏习惯、养成好习惯，你极有可能旧疚复发，变回老样子。一旦被诱惑，想想自己除了花钱还能做些什么，然后重复去做，直至它成为一种习惯。

9. 学会独立，变得更加足智多谋

如果你实施禁令超过三个月，也许有不少次想过放弃。想挺过去，唯一的办法便是不依赖某样东西生活上一段儿时间，除非它必不可少。试着把某样东西放在一边，至少生活上30天，看看真的惦记它几次。要是少了它你会每天心烦意乱，就换样儿别的东西。或者干脆扔掉它。当然，要是你的生活中真的缺少了些什么，想办法修补一下远比想象中要容易得多。要是自己修补不了，从熟人那儿借用，或者租用一下也好。我们彼此之间分享得越多，扔进垃圾场的东西就会越少。

10. 珍惜眼前的一切

最后，随着时间的推移，你会倍加珍惜现在生活中的一切。无论是衣柜里的衣服，还是厨房里的器具，只要用着它们，你就知道金钱已经买来了你所需要的一切。家人朋友的快乐和健康才是第一位的。走出去才能让你的生活变得更加美好。有件事儿很重要，购物禁令能否成功完全取决于你对自己的态度。要是你想"这太糟了"，那你的禁令很可能以放弃而告终。可要是你说"这件东西不错，但是我并不需要它"，并且珍惜眼前的一切，我猜你不会再回头去找那件扔掉的东西。

11. 要是你的确需要买些东西

直到现在，即便写完了整本书，描述了我一年的禁令生活，我依然相信，在禁令过程中，你总会需要些"允许购买列表"上没有的东西。若是遇到这种情况，问问自己第 229 页上那个流程图里的问题。

　　注意：你买的东西不一定非要是最好的。比如，要是你的孩子还小，需要给他们买些新衣服，尽可能去买二手货，或是让他们穿穿大孩子剩下的衣服。他们长得快，用不了多久这些衣服就小了。但要是给自己购买那些会经常用到的东西，可千万别图便宜。我犯过这种错误，我贪小便宜买过无数次快消时尚产品，可是不多久就不得不换新的。

　　最后，重申一次：购物禁令能否成功完全取决于你对自己的态度。要是你心生畏惧，便极有可能放弃禁令，甚至大买特买。要是你珍惜眼前的一切，真正利用好买来的东西，结果却可能改变你的生活。我的购物禁令和大清理同时进行，这让我看到了我最珍视的东西，而这些东西没有一样是可以花钱买来的。我希望你们完成购物禁令，并能够看到同样的结果，得到同样的领悟。

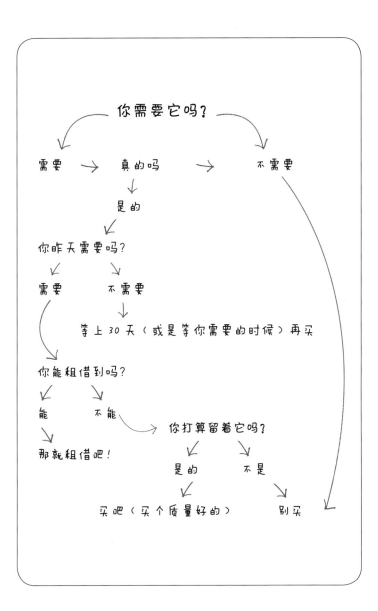

资　料

　　这本书中，我提到了几种资料，它们让我在极简生活中变得更加理性。以下为这些资料，我非常喜欢它们。我希望它们能在你们的实验里帮上些忙。

在线杂志

《留心》：mindful.org

TED 演讲

安迪·普迪科姆《只需专注 10 分钟》

ted.com/talks/ andy_puddicombe_all_it_takes_is_10_ mindful_minutes

布琳·布朗《聆听羞耻》

ted.com/talks/brene_brown_listening_to_shame

冥想 APP

Calm：calm.com

Headspace：headspace.com

其他 APP

Cladwell（记录衣服的价格）：cladwell.com

Sortly（清点你的物品）：sortlyapp.com

社 团

即便我们的工具箱里应有尽有，也无法与社团的作用相提并论。我知道，我之所以能还清贷款，完成购物禁令实验，是因为得到了网友的大力支持。这不仅因为我需要对我的社团负责，更重要的是，只要我需要他们，他们就会给我行动上和言语上的鼓励。我希望你们也能得到同样的支持与鼓励。

无论谁打算接受类似的挑战，我建立的在线社区都是大家分享生活、分享胜利、分享挫折的地方。我们可以在这里畅所欲言、博采众议，可以给彼此鼓励打气。那里会有庆功宴。噢，祝愿那里会有庆功宴！

请加入社区，分享你的故事：caitflanders.com/community

我总在博客里提那句话，我们越是分享，就越是博学，就越优秀。我希望这本书和我的社团能够激励更多的人在未来做出理智的选择。而一切的开端只需要你回答一个问题：

你到底想要什么？

爱你们
凯特

致　谢

　　既然你们都知道我喜欢把东西摆放得整整齐齐，我相信，你们不会因为我想把致谢写得工工整整而指责我！我先来说说这本书是怎么来的。

　　首先，我要感谢劳拉将我的故事分享在《福布斯》上。几个文学经纪人看到了我的故事，有意将它出版。我受宠若惊，不知如何是好，是朋友们的鼓励才让我最终有勇气走出这一步。

　　我一生都会感谢克里斯，是他把我引荐给他的代理人。而他的代理人最终也成了我的代理人。露辛达，多亏了你的帮助，这本书才得以问世。感谢你为这本书的成功付出的不懈努力，感谢你开诚布公，实事求是。

　　我想象不到，除了海氏出版社（Hay House），还有哪家出版社能够将我的个人经历分享出来——海氏出版社像一个大家庭，我很感谢它接纳了我，让我成了其中一员。帕蒂，听到你说我能完全按照自己列出的大纲来写这本书真是如获至宝。安妮，虽然，我显然不是英语专业出身，可你总能让我觉得自己是个不错的作家。感谢你尊重我的写作风格，并帮助我把它发挥得淋漓尽致。

我坚信不疑，你不可能"一口气吃成个胖子"——至少，不是单枪匹马，或是一气呵成。花时间写这本书，意味着我得（暂时）搁置两个项目。多亏了卡丽和杰，感谢你们在我写书时，不时抽出时间帮我，我才能完成这项工作。能跟你们一起工作真是太荣幸了，我希望在你们需要我时，我至少能有你们一半儿给力。

编辑第一次问我是否需要写致谢时，我其实并不知道该说些什么。这本书是给家人的一封情书，是给极简生活中所有帮助过我的朋友的情书。不过我的确需要特别感谢几个人。

朱莉一直以来都是我生活和工作当中的智多星。关于我们的友谊，千言万语也说不完，但现在我可以用一句话来总结：你是我能够真心面对的人。感谢我们共同度过的所有早餐时光、咖啡时光和奶昔时光。

帕斯卡尔，我的户外冒险搭档。感谢你鼓励我多出去走走，正是待在户外，我才看到了最好的自己，我真高兴能和你在一起。我迫不及待，真想看看我们白发苍苍时，周二冒险会是什么样子。

阿莉莎，感谢你纵容我的悲伤，让我不再孤独。我知道，托比、茉莉和莱克西终于也团聚了。

我还要感谢香农的鼓励，让我成为更好的作家。感谢每个里程碑都有阿曼达的陪伴。感谢玛茜第一个跳出来相信我能写书。

我知道，没有博客上朋友们的支持，没有那些奇妙的读者，我走不到这一步。我找不到恰当的语言来描述我的感激之情，我只能说：谢谢你们。

最后，尽管这本书本就是写给家人的情书，但我还要特别感谢他们对我的信任。感谢你们的培养，让我爱上读书，感谢你们的鼓励，让我学会写作。感谢你们让我有了写作的想法，憧憬着自己有朝一日能成为作家。我不知道我的梦想是否能够实现，而你们却坚信不疑。我很幸运，有一个像我们这样亲密的家庭。若是没有你们，我将彷徨无措。

当然也包括你，艾玛。你也是我的家人，我很爱你。